川畑直人・大島剛・郷式徹［監修］
公認心理師の基本を学ぶテキスト

18

教育・学校心理学

子どもの学びを支え、学校の課題に向き合う

水野治久・串崎真志［編著］

ミネルヴァ書房

公認心理師の基本を学ぶテキスト
監修者の言葉

　本シリーズは，公認心理師養成カリキュラムのうち，大学における必要な科目（実習・演習は除く）に対応した教科書のシリーズです。カリキュラム等に定められた公認心理師の立場や役割を踏まえながら，これまでに積み上げられてきた心理学の知見が，現場で生かされることを，最大の目標として監修しています。その目標を達成するために，スタンダードな内容をおさえつつも，次のような点を大切にしています。

　第一に，心理学概論，臨床心理学概論をはじめ，シリーズ全体にわたって記述される内容が，心理学諸領域の専門知識の羅列ではなく，公認心理師の実践を中軸として，有機的に配列され，相互連関が浮き出るように工夫しています。

　第二に，基礎心理学の諸領域については，スタンダードな内容を押さえつつも，その内容が公認心理師の実践とどのように関係するのか，学部生でも意識できるように，日常の生活経験や，実践事例のエピソードと関連する記述を積極的に取り入れています。

　第三に，研究法，統計法，実験等に関する巻では，研究のための研究ではなく，将来，公認心理師として直面する諸課題に対して，主体的にその解決を模索できるように，研究の視点をもって実践できる心理専門職の育成を目指しています。そのために，調査や質的研究法の理解にも力を入れています。

　第四に，心理アセスメント，心理支援をはじめとする実践領域については，理論や技法の羅列に終わるのではなく，生物・心理・社会の諸次元を含むトータルな人間存在に，一人の人間としてかかわる専門職の実感を伝えるように努力しています。また，既存の資格の特定の立場に偏ることなく，普遍性を持った心理専門資格の基盤を確立するよう努力しています。さらに，従来からある「心理職は自分の仕事を聖域化・密室化する」という批判を乗り越えるべく，多職種連携，地域連携を視野に入れた解説に力を入れています。

第五に，保健医療，福祉，教育，司法・犯罪，産業といった分野に関連する心理学や，関係行政の巻では，各分野の紹介にとどまるのではなく，それぞれの分野で活動する公認心理師の姿がどのようなものになるのか，将来予測も含めて提示するように努力しています。

　最後に，医学に関連する巻では，心理職が共有すべき医学的知識を紹介するだけでなく，医療領域で公認心理師が果たすべき役割を，可能性も含めて具体的に例示しています。それによって，チーム医療における公認心理師の立ち位置，医師との連携のあり方など，医療における心理職の活動がイメージできるよう工夫しています。

　心理職の仕事には，①プロティアン（状況に応じて仕事の形式は柔軟に変わる），②ニッチ（既存の枠組みではうまくいかない，隙間に生じるニーズに対応する），③ユビキタス（心を持つ人間が存在する限り，いかなる場所でもニーズが生じうる），という3要素があると考えられます。別の言い方をすると，心理専門職の仕事は，特定の実務内容を型通りに反復するものではなく，あらゆる状況において探索心を持ちながら，臨機応変に対処できること，そのために，心理学的に物事を観察し理解する視点を内在化していることが専門性の核になると考えます。そうした視点の内在化には，机上の学習経験と「泥臭い」現場の実践との往還が不可欠であり，本シリーズにおいては，公認心理師カリキュラムの全科目において，学部生の段階からそうした方向性を意識していただきたいと思っています。

　公認心理師の実像は，これから発展していく未来志向的な段階にあると思います。本シリーズでは，その点を意識し，監修者，各巻の編集者，執筆者間での活発な意見交換を行っています。読者の皆様には，各巻で得られる知識をもとに，将来目指す公認心理師のイメージを，想像力を使って膨らませていただきたいと思います。

2019年2月

　　　　　　　　監修者　川畑直人・大島　剛・郷式　徹

目　次

公認心理師の基本を学ぶテキスト　監修者の言葉

序　章　公認心理師と学校における援助サービス
　………………………………………………………水野治久・串崎真志…1
1　公認心理師に期待されること……1
2　学校現場における公認心理師の活躍……1
3　コミュニティとしての学校における公認心理師の連携
　　──スクールカウンセラーの果たす様々な役割……3
4　チームとしての学校（チーム学校）……5

第Ⅰ部　教育の諸問題と教育・学校を支える仕組み

第1章　教育の諸問題……………………………………中井大介…11
　　　　──多様な子どもをどう支援するか
1　学校をめぐる諸問題……11
2　教師と子どもの関係をめぐる諸問題……16
3　学校で多様な子どもをどのように支援するか……21

第2章　特別支援教育……………………………………加戸陽子…27
　　　　──エビデンスにもとづく計画的な支援と連携
1　特別支援教育とは……27
2　特別支援教育を必要とする子どもたち……35
3　支援の視点……39

第Ⅱ部　教育心理学

第3章　学びのプロセス……………………………………田中俊也…45
　　　　──学びの本質を理解しよう

1　学力とは……45
2　学習方法……51
3　学業不振の子どもの指導……55
コラム　学び・学習・勉強と遊び　47

トピックス　やる気を高め，維持するために理解すべきこと…藤田哲也…59

第4章　学びの環境……………………………………………山田嘉徳…67
　　　　──個人と環境とのかかわりを捉える社会文化的視点

1　個人差に応じた指導……67
2　社会文化的理論……72
3　アクティブラーニング……77

第5章　学校の集団と人間関係………………………………谷口弘一…83
　　　　──みんなが楽しく過ごせる学級を目指して

1　友人関係……83
2　学級集団……87
3　教師集団……89

第Ⅲ部　学校心理学

第6章　不登校——登校を支える多様な支援 ……… 五十嵐哲也…97
1　不登校の現状……97
2　不登校に至った子どもの事例……101
3　再登校を目指す支援……105
4　不登校の予防を目指す支援……107

第7章　いじめ——子どもたちの心を守るために…… 小倉正義…111
1　いじめの定義……111
2　いじめ防止対策推進法と第三者調査委員会……115
3　いじめ被害の影響……118
4　いじめの予防と介入……118
5　いじめ対策における公認心理師の役割……122
コラム　発達障害といじめ　122

第8章　問題行動・学級崩壊・児童虐待への対応…水野治久…127
　　　　　——スクールカウンセラーと教師・保護者の連携
1　児童生徒の問題行動……127
2　学級崩壊……131
3　児童虐待……134

第9章　スクールカウンセラー ……………… 伊藤美奈子…141
　　　　　——スクールカウンセリングの歴史と今後に向けて
1　スクールカウンセラー黎明期から制度化まで……141
2　スクールカウンセラー実践が広がりを見せる展開期……144

- 3 新たな段階へ……148
- 4 今後,常勤化に向けて……151

第10章 チームとしての学校（チーム学校）と スクールカウンセラー……………………………本田真大…155
──心理の専門性を発揮しながら協働するための理論と方法

- 1 チームとしての学校（チーム学校）におけるスクールカウンセラー……155
- 2 スクールカウンセラーとしての公認心理師の技法……156
- 3 スクールカウンセラーによる援助の実際……163

第11章 大学における学生相談……………………………木村真人…171
──大学コミュニティで活躍するカウンセラーを目指して

- 1 大学における学生相談の役割と使命……171
- 2 学生相談機関のカウンセラーとしての公認心理師の業務と役割……174
- 3 学生相談実践で直面する問題とその対応……178

索　引

序章　公認心理師と学校における援助サービス

水野治久・串崎真志

1　公認心理師に期待されること

　学校現場には，今まで臨床心理士，学校心理士，臨床発達心理士などの資格を持つカウンセラーや特別支援教育コーディネーター，教育支援センターの心理職などがかかわってきた。2019年4月からは，**公認心理師**も学校にかかわっていく。

　国家資格である公認心理師は，国民の心の健康に資する資格であるので子ども，保護者，教師の困り感に寄り添い，問題解決を促す専門職でなければならない。学校の相談室で子どもに寄り添うカウンセラーという役割も期待されているが，公認心理師の養成カリキュラムや試験の出題範囲を示したブループリント，そして第1回の公認心理師の試験問題を概観すると，それ以上に，教師とともに**援助ニーズ**のある子どもたちを支援する役割を期待されていると思える。未来および現在の公認心理師を読者に想定した場合，どのような活躍の姿がイメージできるのか，また，そのためにどのような勉強が必要なのかについて解説したい。

2　学校現場における公認心理師の活躍

　公認心理師は学校とどのようにかかわるのだろうか。図0-1を参照してほし

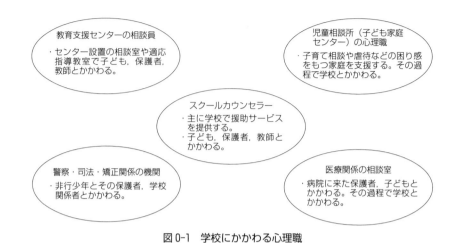

図0-1 学校にかかわる心理職

い。まず挙げられるのが学校における**スクールカウンセラー**（以下，SC）である。現在，学校ではSCが配置されている。また大学においても，学生相談だけでなく就学支援や学生支援の総合的な窓口が開設され，公認心理師の活躍の場が広がっている。次に，市町村の教育委員会に設置されている**教育支援センター**（**適応指導教室**）の心理職として学校とかかわる人がいる。そして，児童相談所（子ども家庭センター）の心理職として子どもとかかわり，子育て相談，被虐待児童生徒の保護や支援という業務で学校とかかわる人がいる。医療関係の心理職として勤務している人の場合は，保護者や子どもが通院する過程で子どもとかかわり，そして，学校と連携を取ることもある。またこのことは，警察・司法・矯正機関における心理職にも同様のことが言える。このように多くの心理職が，子どもを支援し，その過程で学校にかかわる機会がある。公認心理師養成カリキュラムに教育・学校心理学が導入されたのもこうした背景と無縁ではないと考えられる。ゆえに本書は，SCや教育支援センターの心理職を志望する人のみを対象としたものではない。医療や司法，福祉などの職域で働くことを志望する人にもぜひ手に取っていただきたい書籍である。

3　コミュニティとしての学校における公認心理師の連携
──スクールカウンセラーの果たす様々な役割

　公認心理師法では，第4章第42条で連携が義務づけられている。学校において公認心理師はどのように連携したらよいのだろうか。学校はいわば，地域の**セーフティネット**としての機能を果たしている。つまり学校は**コミュニティ**（地域）の中に位置づけられているのである。その意味で，SCは，援助を求めて来談する子どもたちだけでなく，その学校に在籍している子どもたち全員を援助の対象にする。ここには，いじめの被害者や不登校の子どもも含まれるが，学校内外で問題行動を起こす子どもも援助の対象となる。保健室へ頻繁に来室する子どもも含まれる。加えて，貧困家庭から通学する子ども，虐待の被害が疑われる子どももSCの援助の対象である。さらに昨今，**日本語指導**が必要な子どもが増えている（文部科学省初等中等教育局国際教育課，2017）。日本文化への適応や母語保持やアイデンティティの課題など公認心理師が必要とされている領域である。かなりの数の外国籍の未就学児童が存在することが報告され，グローバル時代の中の教育についても様々な課題がある（毎日新聞，2019）。

　学校においてSCは，管理職や生徒指導担当の教師と一緒に構内を回り，授業中に廊下に出ている生徒や体育を見学している生徒に声をかけたり，保健室来室する子どもに養護教諭と連携しながらかかわっていく役割も期待されている。そのような活動の実践の基盤になるのが教育という営みにかんする知識である。神奈川県教育委員会（2016）も指摘しているように，SCは教職員と連携して学校教育の枠組みの中で子どもを援助する。

　公認心理師は幼児から青年まで子どもはどのような学校で学ぶのかについて幅広い知識を得ておく必要がある。現在の日本の子どもたちはどのような授業を受けているのだろうか。筆者は多くの授業を見る機会があるが，昨今の授業は驚くほど児童生徒同士の相互作用の機会がある。さらに，「調べ学習」と言われるように自分で調べ，学級の中で対話することで授業が進められていく。

教室の中で机の位置を変えたり，別の教室や図書室に移動することがある。ゆえに場面が急に変化することに戸惑う子どもや友人と対人関係を構築することが難しい子どもは，学校生活に適応することがより難しくなる。

　日本の学校の子どもは，一定期間「**学級**」で過ごしており，学級内の人間関係で躓くとその後の学校生活に大きく影響する（河村，2010）。たとえば，いじめの被害者の逃げ場がなくなるということも想像に難くない。さらに不登校の子どもが，教室復帰に苦戦しがちなことも，学級という場を重んじる日本の学校文化が影響している。もちろんこれには逆のことも想定される。学級が親和的であれば，登校を渋っていた子どもが学級の子どもたちの誘い出しによって登校するケース，長く休んでいた子どもが修学旅行で温かく級友に受け入れられたことにより登校が継続するケース，など多くの事例が学校現場には散見される。教師はこのことをよく知っており，子ども個人の支援と同時に学級集団づくり，仲間づくり，子ども同士の人間関係づくりにも注力する。どちらかといえば個別支援を得意とする公認心理師と，**集団づくり**，仲間づくりを得意とする教師が本当の意味で協働することで子どもは確実に援助される。連携を得意とする公認心理師が学校の中の援助サービスを教師とともに充実させることで，ニーズの高い子どもたちが確実に援助されることを願ってやまない。

　しかし一方で，SCに来談してくる児童生徒も存在する。こうした児童生徒の様々なニーズに応え，的確に**アセスメント**する能力も公認心理師には必要である。子どものニーズは，対人関係や心理面だけでなく，学習面や健康面にも存在する（石隈，1999）。不登校の背後に小児科に受診が必要な疾患の疑いがあることも珍しくない。また，問題行動の背景に**愛着**や発達の偏りなどの本人の**援助ニーズ**が存在する。そのため，公認心理師が学校における個別支援の技法を身につけ，教師のみならず医療機関などと連携できる力を身につけることが大事である。さらに子どもの認知的特性を把握することにより，個別支援のみならず，教師の授業運営に対してもコンサルテーションが可能である。個別支援を充実させることにより，授業づくりに対しても具体的なアドバイスができる。

さらに，治療や問題解決だけでなく**予防**的なかかわりも大事である。多くの自治体で行われている欠席から長期欠席を予測し不登校を予防する取り組みにも，公認心理師は積極的にかかわるべきである。いじめについては，**いじめ防止対策推進法**の第3条でも謳っているように，学校の内外を問わずいじめが行われなくなるようにすることが大事である。これは，いじめの予防について，学校で展開することが法的に位置づけられていると捉えることができる。

また，不登校やいじめの根底にある**ソーシャルスキル**（社会的スキル）の低さへの対処に取り組む場合，これは予防になる。学校における予防教育は世界各国で取り組まれてきており，日本でも導入され成果を上げている（山崎・戸田・渡辺，2013）。予防的アプローチを実践する場合はなおさら，学校との協働が鍵となる。たとえば中学校においては保健体育の保健分野，特別活動，特別の教科道徳などで**ストレス対処**や自己理解，援助行動などに関連する単元が設けられている（文部科学省，2017）。また，前述したように親和的な学級経営をめざす教師にとって，公認心理師が持っている心理学の知識や技法は有用であると感じることが多い。SCは教師とともに学校のニーズを把握し，予防的なアプローチを展開すべきである。

4　チームとしての学校（チーム学校）

2015年12月21日に文部科学省の中央教育審議会から「**チームとしての学校の在り方と今後の改善方策について（答申）**」が出された。この答申には，子どもの様々な課題について心理や福祉の専門家と教師がチームとなって協働していくことが期待されていると書かれている。たとえばこの答申には，問題行動は，子どもたちの心の問題とともに，家族，友人関係，地域，学校など子どもたちの置かれている環境の問題を抜きにしては解決できないと述べている。つまり，地域の関係者，保護者，学級担任やその他の教師などと連携しながらチームとして子どもを援助することが大事である。チームで取り組み援助を提供することは以前から**学校心理学**の分野で重視されており，確かな実践が積まれ

つつある（石隈, 1999 ; Ishikuma, Shinohara, & Nakao, 2008 ; 水野, 2014）。

　公認心理師は，心理学の専門家として，学校におけるチームの一員として位置づけられる。SC は学校におけるチームの一員として，また，教育支援センターの相談員の場合はより支援に力点をおいたスタッフとして位置づけられる。石隈（2016）は，上記の答申は教師同士の連携を強化したり，学校の**マネジメント機能**を強化する側面を指摘しつつ，心理や福祉などの専門スタッフ（SC, スクールソーシャルワーカーなど）の学校教育への基本的な参加，学校の職員としての職務内容を明確化して，質の確保と配置の充実を進める意味がある，と指摘している。その意味で，上記の答申は，学校における公認心理師の活動に様々な意味を付与することになる。

　このように，学校で活動する公認心理師は，教師と協働し，学校というコミュニティのニーズを把握し，個別支援のみならず，**コンサルテーション**や**予防**的なアプローチにも携わる。子どもを側面から支え，子どもの成長に寄り添える学校での支援は公認心理師にとっても充実感にあふれた役割であると思う。

　さて，本書は三部から構成されている。第Ⅰ部は「教育の諸問題と教育・学校を支える仕組み」として，教育そのものについて考えていく。第Ⅰ部を読むことにより学校というシステムや学校教育の在り方，特別支援教育についての理解を得ることができる。第Ⅱ部は「教育心理学」である。子どもが学習する過程や学ぶ意欲，学びの環境，学級集団について理解を深めておくことは学校にかかわる公認心理師にとって大切である。第Ⅲ部は「学校心理学」である。不登校やいじめ，問題行動だけでなく，SC の活用を支える連携についても言及している。また，SC が日本の学校でどのように展開してきたのかについても言及する。加えて本書では大学における支援についての章を設けた。大学における学生支援も教育・学校心理学の領域である。

　　引用文献
　　石隈　利紀（1999）．学校心理学──教師・スクールカウンセラー・保護者のチー

ムによる心理教育的援助サービス―― 誠信書房
石隈 利紀（2016）．チーム学校における連携――スクールカウンセラーの役割と課題―― 一般社団法人日本心理研修センター（編） 公認心理士 臨床心理学臨時増刊号（pp. 33-35） 金剛出版
Ishikuma, T., Shinohara, Y., & Nakao, T. (2008). School psychology in Japan. In S. R. Jimerson, T. D. Oakland, P. T. Farrell (Eds.), *The handbook of international school psychology* (pp. 217-227). Thousand Oaks, California: Sage Publications.
　（イシクマ，T.・シノハラ，Y.・ナカオ，T. 飯田 順子（訳）（2013）．日本の学校心理学 ジマーソン，S. R.・オークランド，T. D.・ファレル，P. T.（編）石隈 利紀・松本 真理子・飯田 順子（監訳） 世界の学校心理学事典（pp. 403-414） 明石書店）
神奈川県教育委員会（2016）．スクールカウンセラー業務ガイドライン Retrieved from http://www.pref.kanagawa.jp/uploaded/attachment/845225.pdf（2019年1月8日閲覧）
河村 茂雄（2010）．日本の学級集団と学級経営――集団の教育力を生かす学校システムの原理と展望―― 図書文化社
毎日新聞（2019）．外国籍の子 就学不明1.6万人 義務教育の対象外 毎日新聞1月6日朝刊 Retrieved from https://mainichi.jp/articles/20190106/k00/00m/040/148000c（2019年1月8日閲覧）
水野 治久（2014）．子どもと教師のための「チーム援助」の進め方 金子書房
文部科学省（2017）．中学校学習指導要領（平成29年告示）
文部科学省初等中等教育局国際教育課（2017）．「日本語指導が必要な児童生徒の受入状況等に関する調査（平成28年度）」の結果について Retrieved from http://www.mext.go.jp/b_menu/houdou/29/06/1386753.htm（2019年1月12日閲覧）
山崎 勝之・戸田 有一・渡辺 弥生（編著）（2013）．世界の学校予防教育――心身の健康と適応を守る各国の取り組み―― 金子書房

第Ⅰ部

教育の諸問題と
教育・学校を支える仕組み

第1章　教育の諸問題
——多様な子どもをどう支援するか

中井大介

　公認心理師としての支援は，保健医療，福祉，教育，司法・犯罪，産業・労働など様々な「分野」で行われる。一方，それぞれの分野は異なる社会的文脈に置かれており，当然その分野により支援対象や支援内容も異なる。そのため，「学校」という分野で適切な支援を行うためには，「教育現場において生じる問題およびその背景」を学び，学校，そして学校を取り巻く環境について理解していなければならない。そこで本章では支援対象である「子ども」，また同じ支援者でありチームとしての学校（チーム学校）の一員である「教師」や「学校」の現状を確認し，公認心理師として教育現場で多様な子どもを支援するための予備知識を概観する。

1　学校をめぐる諸問題

1-1　学校の現状と課題

　子どもが生徒指導上の課題を抱えた際，その子ども個人の心理ケアに焦点を当て個人の変容を目的とする視点を「**病理モデル**」というのに対し，子ども個人と環境との関係に焦点を当てるエコロジカルな視点を「**エコロジカルモデル**」という。子どもの支援にあたってはどちらも重要な視点となるが，近年の学校ではエコロジカルモデルによる支援が広がりを見せている。エコロジカルモデルは「**生物—心理—社会モデル**」などと同様に，個人と環境の関係に着目し，様々な社会資源を活用しながら子どもの不適合状態の解消を目指すモデル

である。たとえば児童虐待を受けている子どもの支援を行う際などは、子どもを取り巻く「環境」の理解が欠かせないものとなる。子どもを取り巻く環境には、「家庭」「学校」「地域社会」などがあるが、本章で焦点を当てる学校も時代の流れとともにつねに変化している。そのため、公認心理師として教師やスクールカウンセラーの立場で教育現場に入り、子どもを支援するためには、学校の現状と、その中での課題についての理解が欠かせない。

　近年の学校を取り巻く状況としては、「新しい時代の教育や地方創生の実現に向けた学校と地域の連携・協働の在り方と今後の推進方策について（答申）」の中で、①いじめや暴力行為等の問題行動の発生、②不登校児童生徒数、特別支援学級・特別支援学校に在籍する児童生徒数、日本語指導が必要な**外国人児童生徒数**の増加、③**子どもの貧困**など、教育現場において多様な子どもへの支援が必要になっていることが指摘されている（文部科学省、2015b）。また、都市化や過疎化の進行、家族形態の変容、価値観やライフスタイルの多様化を背景とした地域社会のつながりの希薄化により、「地域の学校」「地域で育てる子ども」といった考え方が失われ、地域社会の教育力が低下していることも指摘されている（文部科学省、2015b）。

　このように近年の学校を取り巻く環境や学校が抱える課題は以前にも増して複雑化・困難化してきている。文部科学省（2015a）は、「チームとしての学校の在り方と今後の改善方策について（答申）」の中で、このような複雑化・困難化をもたらした環境の変化として、上記の地域社会の教育力の低下を挙げているが、それに加え、情報技術の発展により、各種の情報機器が子どもたちの間でも広く使われるようになるなど、人間関係の在り様が変化してきていることも指摘している。このような状況の中で、学校だけで子どもが抱える課題を支援することは質的な面でも量的な面でも困難になってきている。そのため、近年の学校では、スクールカウンセラー、スクールソーシャルワーカー、教育支援センター（適応指導教室）をはじめとした、学校内外の援助資源をネットワーク化した「**チームとしての学校（チーム学校）**」による支援体制の構築が進められている。

1-2 教師の現状と課題

次に，教師の現状はどのようになっているだろうか。従来から日本の教師は，学習指導や生徒指導など幅広い業務を担いつつも高い成果を上げ，その成果は，近年，改善傾向にある国内外の学力調査の結果にも表れている（文部科学省，2014）。一方で，文部科学省（2006）は，「今後の教員養成・免許制度の在り方について（答申）」の中で，社会構造の急激な変化への対応，学校教育における課題の複雑化・多様化，教師の多忙化，学校や教師に対する期待の高まりなど，近年の教師をめぐる状況が大きく変化していることも指摘している。

2013年の「OECD 国際教員指導環境調査（TALIS）」（国立教育政策研究所，2013b）によれば，日本の教師の1週間当たりの仕事にかける時間は参加国の中で最長となっている。また，課外活動の指導にかける時間も参加国平均よりも顕著に多く，学校内外で個人が行う授業の計画や準備に費やす時間は参加国平均より週2時間多くなっている。さらに，日本では一般的事務業務など授業以外の業務に多くの時間を費やしている。教職員総数に占める教師の割合は，イギリスで51％，アメリカで56％，日本で82％となっており，教師が非常に幅広い業務を行い，授業等の教育活動に集中しづらい状況がある。また，同調査では「もう一度仕事を選べるとしたら，また教員になりたい」と回答した教師の割合は，参加国平均が77.6％であるのに対し，日本の教師は58.1％と参加国の中で低い傾向にあり，教職が社会的に高く評価されていると思う教師の割合も28.1％と低い傾向にある（図1-1）。その背景として，上記のような学校教育が抱える課題の多様化に伴う教師の多忙化や，社会全体の高学歴化等に伴い教師に対して専門職としての社会的評価が低下してきていることが指摘されている。また，地域の教育力の低下や家庭環境の多様化により，学校に対する教育上の期待が以前よりも増加している中で，学校や教職員に対する社会や保護者の反応も厳しくなっていることなども指摘されている（文部科学省，2015c）。

一方で，このような状況の中，「教職員のメンタルヘルス対策検討会議」（文部科学省，2013）によれば，精神疾患による教師の病気休職者数の在職者に占める割合は約0.6％となり，最近10年間で約2倍に増加している。こうした教

第Ⅰ部　教育の諸問題と教育・学校を支える仕組み

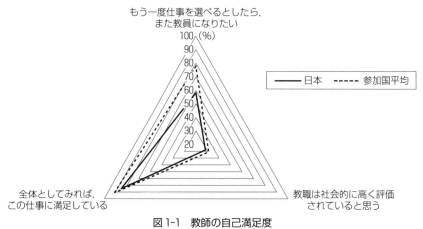

図 1-1　教師の自己満足度
（注）「非常によく当てはまる」「当てはまる」「当てはまらない」「全く当てはまらない」のうち，「非常によく当てはまる」「当てはまる」と回答した割合（％）
（出所）国立教育政策研究所（2013b）をもとに作成

職員のメンタルヘルス不調の背景としては上記のような業務量増加や質の困難化，教師間の残業時間のばらつきなどの傾向があることが指摘されている。この点について，文部科学省（2015a）は，教師が新たな教育課題に的確に対応し，教師としての本来の職務を着実に遂行するためには，教師が子どもと向き合える時間を確保するとともに，教師一人ひとりが持っている力を高め，発揮できる環境を整えていくことが急務であるとしている。

1-3　子どもの現状と課題

　子どもの様相も時代の流れとともに変化してきているため，現状の理解が欠かせない。文部科学省（2018）の「児童生徒の問題行動・不登校等生徒指導上の諸課題に関する調査結果について」によると，2017年度の**暴力行為**の発生件数は小学校28,315件，中学校28,702件，高等学校6,308件の合計63,325件と高い水準で推移している。また，2017年度の**いじめ**の認知件数は，小学校317,121件，中学校80,424件，高等学校14,789件，特別支援学校2,044件の合計414,378件と小学校ではじめて30万件を超え，過去最多となり，**いじめ防止対**

策推進法に規定する重大事態の発生件数も，前年度比78件増の474件となっている（詳細については第7章と第8章を参照）。

さらに，2017年度の**不登校**児童生徒も，小学校35,032人，中学校108,999人，小・中の合計144,031人であり，小中学校合わせて前年度より1万人以上増加し，過去最多を更新している。中でも90日以上欠席した児童生徒が58.3%と半数を超え，欠席が長期に及ぶ児童生徒が多く，中学生は一クラスに一人ともいえる31人に1人が不登校という状況になっている（詳細については第6章を参照）。このように近年は，暴力行為・いじめ・不登校など様々な問題が表面化しており，従来の「反社会的行動」（学校の規則の違反行為や，他人に危害を加えたり社会規範にそむいたりするなどの行動）に加え，「非社会的行動」（社会的接触を避け，自己の健康を害して身体的，精神的に健康な発達を妨げる行動）の問題も増加している。そのため，教育現場ではこのような子どもの多様な問題への支援が求められている。

また，文部科学省（2015b）は，日本の子どもの課題として，判断の根拠や理由を示しながら自分の考えを述べることに弱い面があることや，**自己肯定感**，学習意欲，社会参画の意識などが国際的に見て低いことを指摘している。たとえば，日本，アメリカ，中国，韓国の4か国の高校生を対象に行った，「高校生の生活と意識に関する調査」（国立青少年教育振興機構，2015b）では，日本の子どもたちは他の3か国に比べて「私は人並みの能力がある」などの項目の得点が低く，「自分はダメな人間だと思うことがある」の項目の得点が高い。また，「平成25年度 我が国と諸外国の若者の意識に関する調査」（内閣府，2014）では，日本の子どもたちは諸外国に比べて「自分自身への満足度」が低いことも指摘されている。文化や教育制度が異なる点や，自己肯定感の定義が一定でない点を踏まえれば単純な国際比較はできないが，概して日本の子どもは自己肯定感が低いということが報告されている。

そのため，文部科学省の平成29年教育再生実行会議の第十次提言「自己肯定感を高め，自らの手で未来を切り拓く子供を育む教育の実現に向けた，学校，家庭，地域の教育力の向上」では，新しい時代の子どもたちに必要な資質・能

力を育むために，教育活動をさらに充実し，子どもの自信を育み能力を引き出すことが必要であると指摘されている。

2 教師と子どもの関係をめぐる諸問題

2-1 教師と子どもの関係の現状と課題

1節では教師と子どもそれぞれの現状と課題を概観してきたが，本節では教師と子どもの関係に焦点をあて，その現状と課題を概観する。15歳を対象に行われたPISA2012の国際調査で，日本は「生徒と教師の関係」に関する五つの質問項目のうち，「多くの先生は，生徒が満足しているかについて関心がある」の1項目で肯定的な回答をした生徒の割合がOECD平均よりも低いものの，「生徒は，たいていの先生とうまくやっている」など，他の4項目で教師との関係が良好であることを示し，OECD平均と同程度の水準を維持している（国立教育政策研究所，2013a）。さらに2003年と2012年の比較では全5項目で生徒と教師の関係が良好であることを示す回答の割合が増えている（図1-2）。また，前述の日本，アメリカ，中国，韓国の高校生を対象に行われた「高校生の生活と意識に関する調査」では（国立青少年教育振興機構，2015a），学校の教師に対する信頼感について「とても信頼している」「まあ信頼している」の割合が，日本71.4％，アメリカ68.8％，中国86.6％，韓国73.2％であり，日本では7割以上の生徒が教師を信頼していることを示している。文化や教育制度が異なる中での単純な国際比較はできないが，日本の教師―生徒関係に対する総合的な評価は他国と同水準を維持していると言える。

一方で，日本の子どもの教師との関係の特徴として，教師との関係が相対的に希薄である可能性も指摘されている。日本，アメリカ，中国，韓国で行われた「高校生の心と体の健康に関する調査」では，図1-3に示したように教師からの受容，教師への相談しやすさ，教師からの承認の評価がいずれも4か国で日本がもっとも低い（日本青少年研究所，2011）。また，日本，アメリカ，中国，韓国で行われた「高校生の勉強と生活に関する意識調査報告書」でも，「学習

第1章　教育の諸問題

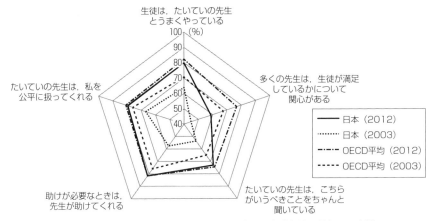

図1-2　OECD生徒の学習到達度調査（PISA）「生徒と教師の関係」
（出所）国立教育政策研究所（2013a）をもとに作成

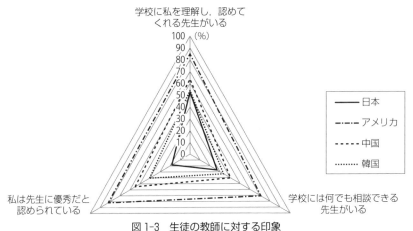

図1-3　生徒の教師に対する印象
（注）「全くそうだ」「まあそうだ」と回答した割合
（出所）日本青少年研究所（2011）をもとに作成

や学校生活でどんなことが大切だと思うか」という質問において「先生を尊敬すること」に「とても重要」と答えた割合は，日本20.7%，アメリカ73.6%，中国77.1%，韓国41.7%で日本が最低であった（国立青少年教育振興機構，2017）。

　一方，日本，アメリカ，中国，韓国で行われた「高校生の進路と職業意識に

17

関する調査」では,「進路についての相談相手」で教師を選択したのは日本44.6%, アメリカ35.16%, 中国37.7%, 韓国27.6%と日本がもっとも高い（日本青少年研究所, 2013）。また, 上記のTALISでは（国立教育政策研究所, 2013b）, 部活動など課外活動で教師と生徒がかかわる時間は日本が最長になっている。このような国際比較の調査は文化や教育制度なども影響するためデータの解釈には慎重な姿勢を要するが, 相対的に子どもが教師との関係を希薄と捉えている点, 進路の相談相手として捉えている点などが日本の特徴としてうかがえる。

2-2　学校における子どもの支援体制の変化

　子どもの個性や抱える課題は社会変化とともにつねに変化し続けているため, 社会的要請に応える形で学校における子どもへの支援の形も変遷してきている。この変遷の一端は「**生徒指導**」の変化を見ることで知ることができる。以下, 有村（2008）にもとづいて概観する。

①導入期

　まず, 日本に本格的な「生徒指導」の概念が導入され始めたのが1945（昭和20）年ごろから1951（昭和26）年ごろであった。この時期は第二次世界大戦直後であり, 戦後の新教育制度の発足による教育の民主化の中で, 日本に本格的な生徒指導が導入された時期であった。この中で教育相談における**カウンセリング**も導入されたが, 学校教育において教育相談は「甘やかし」とされ本格的に受け入れられず, 依然として子どもへの管理的なかかわりが中心であった。

②整備期

　その後, 日本の生徒指導体制の整備が行われたのが, 1952（昭和27）年ごろから1971（昭和46）年ごろの戦後復興期から高度経済成長期にかけてであった。この時期は終戦後の荒廃した社会の中で戦災孤児や家出少年が増加し, 1951（昭和26）年に生活困窮型非行を中心とした少年非行が戦後第一のピークを迎え, 学校教育における生徒指導の重要性が強調された時期であった。しかし, 生徒指導の整備期においても, 教師の子どもへのかかわり方は戦後の社会的な

第1章　教育の諸問題

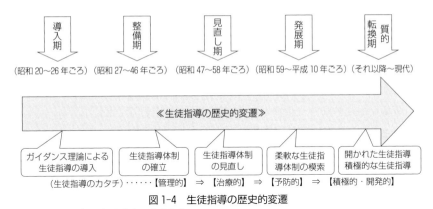

図1-4　生徒指導の歴史的変遷
(出所) 有村 (2008) をもとに筆者作成

背景の中で，生徒指導の導入期と同様に，依然として管理的なかかわり方が中心であった。

③見直し期

生徒指導体制の整備期に確立された生徒指導体制の見直しが迫られたのが1972 (昭和47) 年ごろから1983 (昭和58) 年ごろであった。この時期は高度経済成長期が終了した安定成長期のもと，徐々に国民の生活が豊かになり受験競争の過熱，校内暴力，家庭内暴力，いじめといった，子どもの新たな問題が多発化，深刻化した時期であった。その中で，問題傾向のある子どものみへの治療的なかかわりを中心とする生徒指導も見直しが迫られ，すべての教師がすべての子どもを対象に生徒指導を行う姿勢が徐々に定着し始めた時期であった。

④発展期

その後，社会の急激な変化に生徒指導が積極的かつ柔軟に対応することが求められたのが1984 (昭和59) 年ごろから1998 (平成10) 年ごろであった。この時期はこれまでの反社会的問題の増加に加え，不登校など非社会的問題の増加など教育荒廃が表面化した時期であった。この時期は**スクールカウンセラー**の配置など，従来の教師のみの指導体制にとらわれず，子どもの変化に積極的かつ柔軟に対応する予防的なかかわりが模索され始めた時期であった。

⑤質的転換期

　子どもが自ら問題解決し，社会に適応するための能力である自己指導力の育成が重視されるなど，生徒指導が質的転換期を迎えたのが1998（平成10）年ごろから2010（平成22）年ごろであった。この背景には社会の急激な変化などにより多様な価値観を持つ生徒が増え，画一的なかかわりでは対応しきれない状況があった。また，従来の教師のみで行う固定化された生徒指導の枠組みを取り払い，関係機関との連携を深めた「開かれた生徒指導」のもと，子どもの個性を重視するガイダンス機能の充実を目指すかかわりへと転換していった。

　そして日本の教師の多忙化が指摘される中で，学校のマネジメントを強化し，組織として教育活動に取り組む体制づくりが具体化されたのが，2010（平成22）年ごろから近年であった。2015年の教育再生実行会議の第七次提言では，教師が子どもと向き合う時間を確保し，教育活動に専念できるよう「学校経営を支える事務職員の充実を図り，教師と事務職員の役割分担を見直すことや，**スクールカウンセラーやスクールソーシャルワーカー**，**部活動指導員**，**学校司書**，**ICT支援員**等の配置を行うことにより，『チーム学校』を実現する」ことが示された。このように近年は「教師個人の力量のみに頼る」支援から「チーム学校」による支援へと転換が行われつつある時期となっている。

2-3　チームとしての学校（チーム学校）としての支援体制の必要性

　1節でもふれたように，日本の学校や教師は，欧米諸国の学校と比較すると，多くの役割を担うことを求められている。これは子どもに対して総合的に指導を行えるという利点がある反面，役割や業務を際限なく担うことにもつながりかねないという側面がある（文部科学省，2015b）。そのため，教師の役割明確化や，業務の縮減・効率化等の改善を図る制度的な整備や，良好な職場環境・雰囲気の醸成を図る必要性が指摘されている。この現状を踏まえ，前項で見たように2015年の教育再生実行会議の第七次提言において，教師が子どもと向き合う時間を確保し，教育活動に専念できるようにする観点から，「チーム学校」の理念が示された。また，2015年には「チームとしての学校の在り方と今後の

改善方策（答申）」が出されている（文部科学省, 2015a）。次節 3-2 で検討するように，近年の学校における子どもへの支援は，「**チームとしての学校（チーム学校）**」による支援のシステムを構築している最中であると言える（チームとしての学校（チーム学校）における支援の詳細な内容は第10章を参照）。

3 学校で多様な子どもをどのように支援するか

3-1 学校での3段階のカウンセリング

　教育基本法の第1条には，「教育は人格の完成を目指す」という趣旨の教育目標が定められている。そのため，学校教育における**学校カウンセリング**ではこの教育目標に沿った働きかけが行われる。狭い意味のカウンセリングは，「一般に心の悩みや苦しみを抱き来談した人（クライエント）に対して，その悩みや苦しみの解決につながるような心理的な援助を行うこと」と捉えられている（新井, 2009）。しかし，広い意味のカウンセリングには，この「治療的」な機能に加え，「開発的」「予防的」な機能が含まれる。そして，学校カウンセリングでは治療的な機能に加え，開発的・予防的といった学校教育における**心理教育**（サイコ・エデュケーション）の機能が重視される。

　このような三つの機能を含む学校カウンセリングに関して学校心理学の分野では，子どもの心理的ニーズに加え，教育ニーズ全般をカバーするものとして「**心理教育的援助サービス**」が提唱されている。心理教育的援助サービスとは，一人ひとりの子どもが「学習面」「心理・社会面」「進路面」「健康面」などにおける課題への取り組みの過程で出会う問題状況の解決を援助し，子どもが成長することを促進する教育活動とされる（石隈, 1999）。この心理教育的援助サービスでは，学校カウンセリングの三つの機能に対応する形で，すべての子どもを対象とする「**1次的援助サービス（開発的カウンセリング）**」，配慮を要する一部の子どもに対する「**2次的援助サービス（予防的カウンセリング）**」，とくに困難さを持つ特定の子どもに対する「**3次的援助サービス（治療的カウンセリング）**」の3段階の援助サービスが提唱されている（図1-5）。

第 I 部　教育の諸問題と教育・学校を支える仕組み

図 1-5　3 段階の心理教育的援助サービス
（出所）石隈（1999）（一部改変）

　このように，学校カウンセリングは，狭い意味の「カウンセリング」という言葉から連想される，問題を抱えている子どもの問題解決を図る「治療的カウンセリング」だけを意味するものではない。そのような問題の発生をあらかじめ防ぐための「予防的カウンセリング」，社会生活に適応できる健全な子どもの人格の成長を図るための「開発的カウンセリング」もその内容に含まれる。学校カウンセリングは，悩みや問題を抱えた一部の子どもだけでなく，すべての子どもを対象に，あらゆる教育活動を通して行うものであり，学校内のすべての支援者が適切に学校カウンセリングを行うことが求められる。

3-2　チームとしての学校（チーム学校）と地域との連携・協働
　ここまで見てきたように，いじめ，不登校，児童虐待，子どもの貧困問題など，子どもの生徒指導上の課題は複雑化・多様化しており，複数の専門的視点が必要になってきている。また，子どもが抱える課題は，家庭，学校，地域など，子どもを取り巻く環境が複雑に絡み合い，学校だけでは解決困難なケースもある。そのため，福祉や保健，医療機関など，関係機関と連携した対応が求められている。学校の組織運営改革として，近年の学校では複雑化・多様化する学校の課題への対応や，子どもたちに必要な資質・能力の育成のための教職

第1章 教育の諸問題

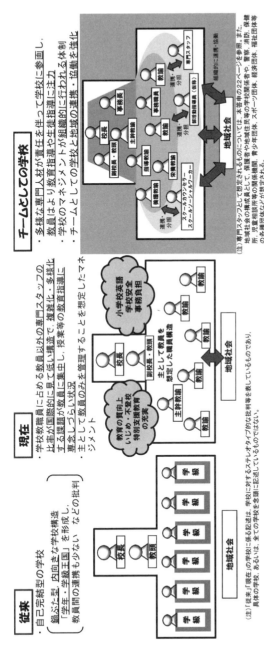

図1-6 「チームとしての学校」像（イメージ図）

（出所）文部科学省（2015a）

員の指導体制の充実に加え，学校において教師が心理や福祉等の専門スタッフと連携・分担する体制の整備や，学校のマネジメント機能の強化により，学校の教育力・組織力を向上させ，学校が多様な人々とつながりを保ちながら学ぶことが目指されている（図1-6）。公認心理師が教育現場で活動する場合，このような状況を理解した上で支援を行っていくことが必要になる。

> ❖考えてみよう
> 　教育現場の現状（学校の現状，教師の現状，子どもの現状，教師と子どもの関係の現状，子どもの支援体制の現状）に関して，どのような問題が生じているか，最新の報道や記事を調べてみよう。その問題の時代背景や世論の動向に目を向け，施策や対策についても理解を深めよう。

もっと深く，広く学びたい人への文献紹介

文部科学省（2010）．生徒指導提要
　☞生徒指導の実践に際し，教職員等の関係者の共通理解を図り，組織的・体系的な生徒指導の取組を進めるための生徒指導に関する基本書．

日本学校心理学会（編）（2016）．学校心理学ハンドブック　第2版 ──「チーム」学校の充実をめざして── 　教育出版
　☞学校心理学における「心理教育的援助サービス」の理論と実践を幅広い視点から解説した一冊．

引用文献

新井 邦二郎（2009）．学校カウンセリング　新井 邦二郎・濱口 佳和・佐藤 純（編）　教育心理学──学校での子どもの成長を目指して── 　培風館

有村 久春（2008）．改訂版　キーワードで学ぶ　特別活動　生徒指導・教育相談　金子書房

石隈 利紀（1999）．学校心理学──教師・スクールカウンセラー・保護者のチームによる心理教育的援助サービス── 　誠信書房

国立教育政策研究所（2013a）．OECD 生徒の学習到達度調査（PISA2012）　Retrieved from http://www.nier.go.jp/kokusai/pisa/（2018年10月25日閲覧）

国立教育政策研究所（2013b）．教員環境の国際比較── OECD 国際教員指導環境調査（TALIS）2013年調査結果報告書── 　Retrieved from http://www.nier.go.jp/kenkyukikaku/talis/（2018年10月25日閲覧）

国立青少年教育振興機構（2015a）．高校生の生活と意識に関する調査報告書──

日本・米国・中国・韓国の比較―― 6 信頼感 Retrieved from http://www.niye.go.jp/kanri/upload/editor/98/File/09.6.pdf（2018年10月25日閲覧）

国立青少年教育振興機構（2015b）．高校生の生活と意識に関する調査報告書――日本・米国・中国・韓国の比較―― 9 自分について Retrieved from http://www.niye.go.jp/kanri/upload/editor/98/File/12.9.pdf（2018年10月25日閲覧）

国立青少年教育振興機構（2017）．高校生の勉強と生活に関する意識調査報告書――日本・米国・中国・韓国の比較―― 5 学校生活 Retrieved from http://www.niye.go.jp/kanri/upload/editor/114/File/gakkouseikatu.pdf（2018年10月25日閲覧）

文部科学省（2006）．今後の教員養成・免許制度の在り方について（答申） Retrieved from http://www.mext.go.jp/b_menu/shingi/chukyo/chukyo0/toushin/1212707.htm（2018年10月25日閲覧）

文部科学省（2013）．教職員のメンタルヘルス対策検討会議の最終まとめについて Retrieved from http://www.mext.go.jp/b_menu/shingi/chousa/shotou/088/houkoku/1332639.htm（2018年10月25日閲覧）

文部科学省（2014）．26文科初第852号「初等中等教育における教育課程の基準等の在り方について（諮問）」 Retrieved from http://www.mext.go.jp/b_menu/shingi/chukyo/chukyo0/toushin/1353440.htm（2018年10月25日閲覧）

文部科学省（2015a）．チームとしての学校の在り方と今後の改善方策（答申） Retrieved from http://www.mext.go.jp/b_menu/shingi/chukyo/chukyo0/toushin/1365657.htm（2018年10月25日閲覧）

文部科学省（2015b）．新しい時代の教育や地方創生の実現に向けた学校と地域の連携・協働の在り方と今後の推進方策について（答申） Retrieved from http://www.mext.go.jp/b_menu/shingi/chukyo/chukyo0/toushin/1365761.htm（2018年10月25日閲覧）

文部科学省（2015c）．これからの学校教育を担う教員の資質能力の向上について（答申） Retrieved from http://www.mext.go.jp/b_menu/shingi/chukyo/chukyo0/toushin/1365665.htm（2018年10月25日閲覧）

文部科学省（2018）．平成29年度児童生徒の問題行動・不登校等生徒指導上の諸課題に関する調査結果について Retrieved from http://www.mext.go.jp/b_menu/houdou/30/10/1410392.htm（2018年10月25日閲覧）

内閣府（2014）．平成25年度 我が国と諸外国の若者の意識に関する調査 Retrieved from https://www8.cao.go.jp/youth/kenkyu/thinking/h25/pdf_index.html（2019年3月15日閲覧）

日本青少年研究所（2011）．高校生の心と体の健康に関する調査

日本青少年研究所（2013）．高校生の進路と職業意識に関する調査

第2章 特別支援教育
——エビデンスにもとづく計画的な支援と連携

加戸 陽子

> 障害は個人によって症状やその程度が異なるため，一人ひとりのニーズは多様となる。また，医療の進歩によって生存が可能となった子どもたちの中に障害の重度・重複化も認められている。**特別支援教育**ではこのように障害をかかえる子どもの多様なニーズを把握し，個人に応じた社会的自立を目指し，計画的に教育や支援を行っていくことが求められる。子どもたちには学校のみならず，医療・教育・福祉などの各専門機関との多職種連携による支援も不可欠であり，公認心理師はこれらの機関において多様な形態での活躍が期待される。

1 特別支援教育とは

1-1 特別支援教育のはじまり

2006年第61回国連総会において「障害者の権利に関する条約（障害者権利条約）」が採決され，日本では条約が求める水準を満たすための国内の法令の整備に取り組み，2014年に批准した。同条約では障害者が他の人と同様に生まれながらに持っている人権や基本的自由の確保，障害者固有の尊厳の尊重の促進，障害者の権利の実現のための措置について定めており，障害者のあらゆる社会生活場面での機会均等や多様な人々が対等にかかわりあう**インクルージョン**に向け，必要な配慮や調整を行う**合理的配慮**を行うこととしている。

この障害者権利条約の批准に向けた国内の法令整備の一環として取り組まれたのが障害のある人とない人とが互いを尊重し認め合う共生社会をめざす「障

害を理由とする差別の解消の推進に関する法律（障害者差別解消法）」であり，2013年に成立し2016年4月より施行された。このことによって障害を理由とした不当な差別的扱いが禁止され，社会参加のあらゆる場面におけるソフトな面・ハードな面での障壁を取り除いていく合理的配慮の提供が求められるようになった。学校教育においても同様であり，特別なニーズのある子どもの多様性を踏まえつつ通常学級での教育を行う**インクルーシブ教育**を推進していくための合理的配慮の充実が求められている。文部科学省は2012年の「共生社会の形成に向けたインクルーシブ教育システム構築のための特別支援教育の推進（報告）」（文部科学省，2012a）において，「共生社会の形成に向けて，障害者の権利に関する条約に基づくインクルーシブ教育システムの理念が重要であり，その構築のため，特別支援教育を着実に進めていく必要があると考える」，「インクルーシブ教育システムにおいては，同じ場で共に学ぶことを追求するとともに，個別の教育的ニーズのある幼児児童生徒に対して，自立と社会参加を見据えて，その時点で教育的ニーズに最も的確に応える指導を提供できる，多様で柔軟な仕組みを整備することが重要である。小・中学校における通常学級，通級による指導，特別支援学級，特別支援学校といった，連続性のある『多様な学びの場』を用意しておくことが必要である」として，特別支援教育の意義を強調している。

　特別支援教育の正式な始動は2007年である。特殊教育を受ける児童生徒数の増加，児童生徒の障害の重度・重複化や，2002年の全国5地域の公立小中学校370校の通常学級を対象とした全国実態調査によって通常学級に知的発達に遅れはないものの，特別な教育的支援を必要とする児童生徒が6.3%いることが明らかにされたこと，特殊教育に関する専門性を有する教師の不足，現状に応じた教育方法論の見直しの必要性など，障害を抱える子どもをめぐる状況を受け，教育体制の見直しが図られた（文部科学省，2004）。それまでの障害を抱える子どもたちへの教育を「**特殊教育**」と称し，主たる対象は知的障害や視覚，聴覚，肢体不自由などの身体障害，病弱であり，主な学びの場は養護学校，特殊学級，通級指導教室であった。しかし，新たな教育体制では教育的支援の対

象を自閉スペクトラム症，注意欠如・多動症，限局性学習症へと拡げるとともに，教育の場として通常学級も含め，障害のある児童生徒の自立や社会参加に向けて，その一人ひとりの教育的ニーズに応じて適切な教育的支援を行う「特別支援教育」へと転換が図られ，2007年4月に特別支援教育の導入に合わせて学校教育法が一部修正された。なお，2012年に再び公立小中学校1,164校の通常学級を対象とした全国実態調査の結果，知的発達に遅れはないものの，特別な教育的支援を必要とする児童生徒の割合は6.5%という結果であったことから（文部科学省，2012b），10年前の調査結果と同程度であり，通常学級には一定数の特別なニーズを抱える児童生徒が在籍していることが確認された。

1-2　支援の場と制度

特別支援教育は**通常学級，通級指導教室，特別支援学級，特別支援学校**において行われている（表2-1）。就学先の決定は特別支援教育への転換にともない，子どもの障害の程度やニーズ，本人・保護者の意見，教育学，医学，心理学等の専門的見地からの意見，学校や地域の状況等を踏まえた総合的な観点から決定し，とくに本人や保護者の意向を十分に聴取し，可能な限り尊重することとされている（文部科学省，2012c）（表2-2・図2-1）。また，障害をともなう子どもたちの様相は発達的な影響や適切な支援によって変化していく。しかし，成長にともなって求められる社会的要求や人間関係の複雑化に適応が難しくなる

表2-1　特別支援教育における「多様な学びの場」

通常学級	通常の学級に在籍した状態で，適宜個別のニーズに応じた配慮をされつつ指導を受ける。
通級指導教室	通常学級に籍を置き，自立活動や教科の補充指導など個別のニーズに応じた指導を受ける。指導形態には1時間から8時間程度を目安として自校もしくは他校の通級指導教室に赴いて指導を受けるものや，通級担当教師による巡回指導を受けるものがある。
特別支援学級	特別支援学級に籍を置いて少人数での個別のニーズに応じた指導を受ける。学校行事や一部の教科で通常学級の子どもたちとともに交流しながら学ぶこともある。
特別支援学校	基本的には視覚障害，聴覚障害，知的発達障害，肢体不自由，病弱・身体虚弱とこれらの重複障害があり，障害の程度が比較的重い子どもを対象とし，専門性の高い指導を受ける。

表2-2 就学相談・就学先の決定

> 就学基準に該当する障害のある子どもは特別支援学校に原則就学するという従来の就学先決定の仕組みを改め，障害の状態，本人の教育的ニーズ，本人・保護者の意見，教育学，医学，心理学等専門的見地からの意見，学校や地域の状況等を踏まえた総合的な観点から就学先を決定する仕組みとすることが適当である。その際，市町村教育委員会が，本人・保護者に対し十分情報提供をしつつ，本人・保護者の意見を最大限尊重し，本人・保護者と市町村教育委員会，学校等が教育的ニーズと必要な支援について合意形成を行うことを原則とし，最終的には市町村教育委員会が決定することが適当である。保護者や市町村教育委員会は，それぞれの役割と責任をきちんと果たしていく必要がある。このような仕組みに変えていくため，速やかに関係する法令改正等を行い，体制を整備していくべきである。なお，就学先を決定する際には，後述する「合理的配慮」についても合意形成を図ることが望ましい。
>
> 「教育支援委員会」（仮称）においては，教育学，医学，心理学等の専門家の意見を聴取することに加え，本人・保護者の意向を聴取することが必要である。特に，障害者基本法の改正により，本人・保護者の意向を可能な限り尊重することが求められていることに留意する必要がある。また，教育においては，それぞれの発達の段階において言語の果たすべき役割が大きいとの指摘もあることから，必要に応じて，委員会の専門家に言語発達に知見を有する者を加えることなども考えられる。必要に応じ，各教育委員会が関係者のための研修会を行うことなども考えられる。
>
> 就学時に決定した「学びの場」は，固定したものではなく，それぞれの児童生徒の発達の程度，適応の状況等を勘案しながら，柔軟に転学ができることを，すべての関係者の共通理解とすることが重要である。そのためには，教育相談や個別の教育支援計画に基づく関係者による会議などを定期的に行い，必要に応じて個別の教育支援計画及び就学先を変更できるようにしていくことが適当である。この場合，特別支援学校は都道府県教育委員会に設置義務があり，小・中学校は市町村教育委員会に設置義務があることから，密接に連携を図りつつ，同じ場で共に学ぶことを追求するという姿勢で対応することが重要である。その際，必要に応じ，「教育支援委員会」（仮称）の助言を得ることも考えられる。

（出所）文部科学省（2012c）を筆者が一部抜粋改変

子どももいる。このため，就学先を固定的なものとせず，子どもの実態の変化に応じて柔軟に対応していくことの重要性も記されている（文部科学省，2012c）（表2-2）。

2017年5月時点での特別支援教育を受ける子どもたちは486,377人（3.2%）であり（文部科学省，2018），とくに小・中学校において特別支援学級や通級による指導による特別支援教育を受ける子どもの増加は著しく，2007年との比較においていずれも2倍以上となっている（図2-2）。

2018年度からは**高等学校における通級による指導**も開始された。高等学校では通常学級における学びが基本とはなるが，小・中学校において特別支援教育を受けてきた生徒の進学や，不登校や中途退学といった生徒の実態の多様化と

第2章 特別支援教育

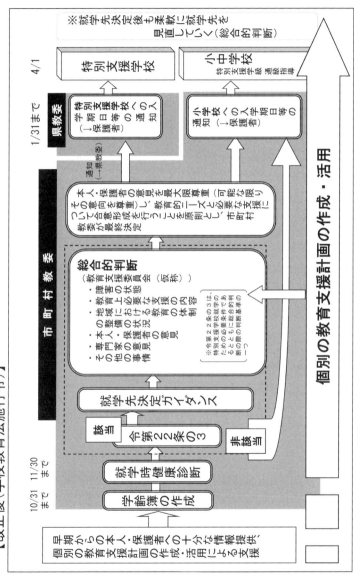

図2-1 就学先決定の手続きの流れ

(出所) 文部科学省 (2013)

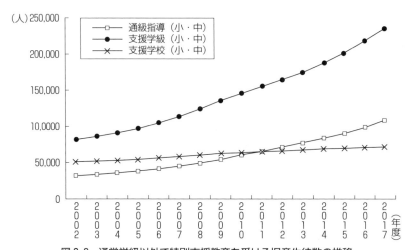

図 2-2　通常学級以外で特別支援教育を受ける児童生徒数の推移
（出所）文部科学省「特殊教育資料」平成14年度・「特別支援教育資料」平成15年度〜平成29年度をもとに筆者作成

いう現状を踏まえ，通級による指導も学びの場の選択肢の一つとなっていくことが期待されている（笹森，2018）。

1-3　特別支援教育の支援体制

　特別支援教育の実施において，校内での共通理解にもとづく支援体制の構築は不可欠である。このため，特別なニーズのある子どもとその担任を学校全体で支援するため校内委員会と特別支援教育コーディネーターが重要な役割を担う（図 2-3）。

　校内委員会では保護者や学級担任の相談窓口，対象となる子どもの実態把握，校内の教職員間での共通理解の促進，支援内容・方法の検討，学級担任のサポート，家庭や専門機関との連携，**個別の指導計画**（一人ひとりの子どものニーズに対応した指導目標・指導内容・指導方法を盛り込んだ指導計画）や**個別の教育支援計画**（医療・保健・福祉・労働等の関係機関との連携を図りつつ乳幼児期から学校卒業後までの長期的視点に立った，一貫した教育的支援を行うために作成する支援計画）の作成，校内研修の推進などが行われる。委員会は校長，教頭，教務主

第2章 特別支援教育

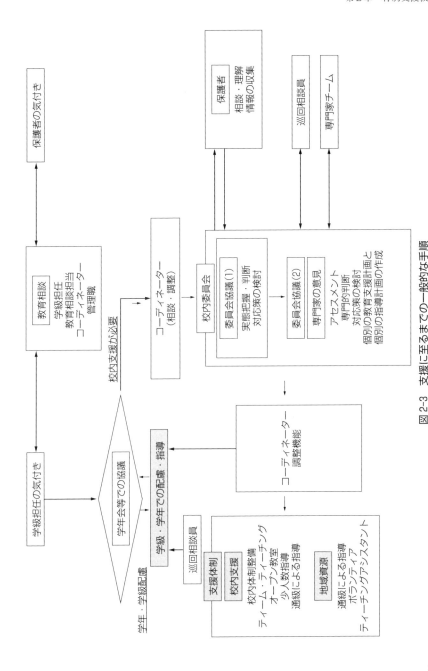

図2-3 支援に至るまでの一般的な手順

（出所）文部科学省（2004）

任，対象児童生徒の学級担任，通級指導担当教員，特別支援学級担任，特別支援教育コーディネーター，養護教諭，学年主任，外部の関係者などから構成される。

　特別支援教育コーディネーターは対象児童生徒に関する実態把握のための情報収集，学級担任の支援，校内委員会の準備，校内の教職員や保護者，外部関係機関との連絡調整，専門家チームや巡回相談員との連携，保護者に対する相談窓口などその業務は多岐にわたり，校内委員会においてリーダーシップをとりつつ対象児童生徒の支援に向けた仕組みを整えていく重要な役割を担う（文部科学省，2004；石橋，2018）。

　また，特別支援学校は地域の特別支援教育のセンター的役割を担う学校として，地域の学校の教師や保護者に対する教育相談，特別支援教育等の情報提供，研修協力等の地域支援の役割を担う。

　障害を抱える人々のあらゆる生活場面での合理的配慮が求められるようになり，教育面ではインクルーシブ教育の充実に向けて今後ますます通常学級での学びやすい配慮のあり方が問われるようになる。この学びやすさへの配慮として，**ユニバーサルデザインの教育**という観点がある。教育におけるユニバーサルデザインは，障害の有無にかかわらずすべての子どもにとって学びやすい授業づくりや過ごしやすい学校生活のための様々な工夫を意味する。小貫（2016）により提案された授業のユニバーサルデザインに向けた視点のモデル（図2-4）では，図中の左側に示されたような障害のある子どものもつ特徴に応じて右側に示された視点での配慮を行うことにより，すべての子どもの主体的・協同的な学びへとつなげていくというものである。

　このような教育実践が効果的であるためには対象となる障害を抱える子どもの的確な実態把握とともに，それを授業の工夫や配慮へとつなげる視点が重要となる。また，特別なニーズを抱える子どもの認知特性や学習の習得状況，二次障害によって，通常学級のみでの対応では不十分な例もある。このような場合には，通級による指導や就学先の変更，外部専門機関での療育，その他の心理的支援も必要となり，学級担任は各担当者らと情報共有しつつ対応していくことになる。

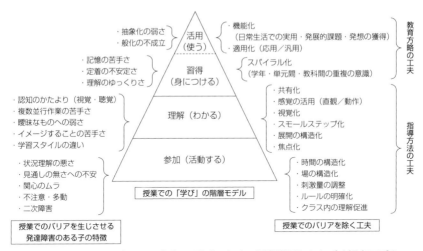

図 2-4　授業のユニバーサルデザイン達成のための授業階層にもとづく視点モデル
(出所) 小貫 (2016)

2　特別支援教育を必要とする子どもたち

2-1　対象となる子どもたち

　小・中学校，特別支援学校のそれぞれに多様な特別のニーズを抱える子どもたちが在籍している。特別支援学校では学校教育法施行令第22条の3に示されたような比較的障害が重い子どもが対象となる（表2-3）。表中に示した障害を抱える要因となった疾患は多様なため，子どもの成長に応じた個別のニーズに適した支援を行うためには疾患や発達経過，有用とされる教育的支援に関する知識が必要となる。また，医療技術の向上によって重症児の救命率が向上し，重度の知的障害と重度の肢体不自由を重複する重度心身障害のように日常的な医療的ケアや介護を要する障害を抱える子どもや慢性疾患を抱える子どもへの医療機関との連携にもとづく教育的支援の充実も重要である。

　小・中学校では通常学級，特別支援学級において自閉スペクトラム症，注意欠如・多動症，限局性学習症などの**発達障害**[1]や表 2-3 の就学基準に該当しない

表 2-3　特別支援学校の就学基準（学校教育法施行令第22条の3）

区分	障害の程度
視覚障害者	両眼の視力がおおむね〇・三未満のもの又は視力以外の視機能障害が高度のもののうち，拡大鏡等の使用によつても通常の文字，図形等の視覚による認識が不可能又は著しく困難な程度のもの
聴覚障害者	両耳の聴力レベルがおおむね六〇デシベル以上のもののうち，補聴器等の使用によつても通常の話声を解することが不可能又は著しく困難な程度のもの
知的障害者	一　知的発達の遅滞があり，他人との意思疎通が困難で日常生活を営むのに頻繁に援助を必要とする程度のもの 二　知的発達の遅滞の程度が前号に掲げる程度に達しないもののうち，社会生活への適応が著しく困難なもの
肢体不自由者	一　肢体不自由の状態が補装具の使用によつても歩行，筆記等日常生活における基本的な動作が不可能又は困難な程度のもの 二　肢体不自由の状態が前号に掲げる程度に達しないもののうち，常時の医学的観察指導を必要とする程度のもの
病弱者	一　慢性の呼吸器疾患，腎臓疾患及び神経疾患，悪性新生物その他の疾患の状態が継続して医療又は生活規制を必要とする程度のもの 二　身体虚弱の状態が継続して生活規制を必要とする程度のもの

障害を抱える子どもが在籍していることが多い。以下では各発達障害を概説する（本シリーズ第8巻『学習・言語心理学』第13章も参照）。

自閉スペクトラム症（自閉症スペクトラム障害）（Autism Spectrum Disorder：ASD）は①複数の状況での社会的コミュニケーションおよび対人的相互反応の持続的な欠陥と，②行動，興味，または活動の限定された反復的な様式の二つの領域に関する診断基準にもとづいて判断される（American Psychiatric Association, 2013　髙橋・大野監訳 2014）。前者では主に他者とのコミュニケーションの取り方や関係の深め方，想像力を要する活動への理解，表情や視線などの非言語コミュニケーションの使用や理解といった，社会性のつまずきが挙げられる。後者では身体や言葉の独特な使い方，物事の手順や習慣，スケジュール等への頑なこだわり，特定の狭い範囲の事柄に対する過度な関心をもつ，

➡1　アメリカ精神医学会の精神疾患の診断・統計マニュアル（DSM-5）では，これらの障害を「**神経発達症（神経発達障害）**」とよんでいる（American Psychiatric Association, 2013　髙橋・大野監訳 2014）。

感覚刺激に対する特異的な反応（過敏さや無頓着さ）が挙げられる。多くは発達の早期から気づかれるが、症状の程度には個人差があるため、その後の発達経過において気づかれるようになる例もある。

注意欠如・多動症（注意欠如・多動性障害）（Attention-Deficit/Hyperactivity Disorder：**AD/HD**）は不注意，多動性，衝動性に関する症状が学校や家庭，職場など，複数の場面において発達的に不相応な程度に持続的に認められる。具体的には，綿密な注意が払えない，複数の大事な情報を覚えていることが難しい，注意集中が難しい，落ち着いていることが難しい，後に生じる結果を十分に考えた行動をとりにくい，といったことが挙げられ，同じ失敗を繰り返しやすい。

限局性学習症（限局性学習障害）（Specific Learning Disorder：**SLD**）[2]では学習に必要な読み，書き，計算，推論の能力のうち，特定の技能の獲得や使用に著しい困難が認められる。主に文字の読みの習得や流暢性の問題，書字の習得や作文での文法や構文の問題，数量概念や計算手続きの習得と運用の問題が挙げられる。このようなつまずきは学習への興味の有無や練習不足といった要因で生じるものではなく，また，知的な遅れや視聴覚機能の問題もその直接の原因とはならない。情報処理にかかわる認知機能の問題が推定されており，通常の教授方法のみによって改善を図ることは難しい。

発達性協調運動症（発達性協調運動障害）（Developmental Coordination Disorder：**DCD**）は手先や全身を使った運動において，必要な複数の動作を統合し協調的に身体を動かすことに，年齢不相応な不器用さを生じる。具体的には工作や折り紙，箸の操作の苦手さ，書字のつたなさやノートテイクの遅れ，運動やスポーツが極端に不得手でぎこちない，といったことが挙げられる。

近年は上記のような障害を抱える子どもたち以外にも，外国籍の子どもや被虐待児，貧困の問題を抱える家庭の子どもの特別なニーズへの対応も求められつつある。また，障害を抱える子どもたちの中にはさらにこのような問題も抱

➡ 2　DSM-5 では「限局性学習症（限局性学習障害）」という診断名が用いられているが，現在の日本の教育現場では，従来の「**学習障害（LD）**」という名称も一般的に用いられている。

えている場合もあることから，子ども本人のみならず子どもを取り巻く環境も含めた包括的な理解が求められる。

2-2 症状の多様性——症状の併存と二次障害

　子どもたちの中には，一人で複数の症状を抱えていることも少なくない。発達障害のある子どもでは認知の偏りや症状によって学校環境への適応に多大な努力を要し，感情表現の苦手さによって身体化して心身症を発症しやすい（石崎，2017）。また，障害によって引き起こされる症状は頻回な挫折や失敗につながり，自信の喪失や，周囲からの過剰な叱責，不適切な対応を受けやすく，心理的負担から二次障害を抱えることもある。**二次障害**には過敏性や自尊心の低下といった情緒面の問題，過敏性腸症候群や緊張性頭痛などの心身症，不登校や反社会的行動などの行動面の問題，不安症（不安障害）や強迫症（強迫性障害）などの精神面の問題などが挙げられる（一般社団法人日本LD学会，2017）。また，二次障害は自己の外の対象に向けて問題行動として表す外在化障害と，不安や抑うつといった内面に表れる内在化障害とする捉えかたもある（齊藤，2009）。発達障害では併存症状や二次障害によって，より複雑な状態を呈する場合もあり，症状の個人差をふまえた捉え方が必要となる（図2-5）。

　また，鈴木他（2017）は不登校児の57％に発達障害があり，このうちの87％が不登校になるまで診断を受けておらず，目立った行動特性がないために教育的支援が遅れやすい例があることを指摘している。発達障害を抱える子どもの不登校には，発達特性への理解や登校できない環境要因を明

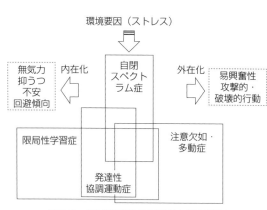

図2-5　各種発達障害の併存と二次障害
（出所）眞田（2010）（一部改変）

表 2-4 発達障害を抱える子どもの不登校や不適応を生じやすい諸要因

自閉スペクトラム症
・興味の偏りや自分のルール，こだわりにより集団行動が難しい
・感覚過敏によって教室など集団でいることに苦痛を感じる
・独特な言動がからかいの対象になったり，対人トラブルになる
・知的水準にそぐわない学業不振を抱える
・他者の言動の意図がわかりにくく，被害的に読み取る
・不安の高さやストレス耐性の弱さ
注意欠如・多動症
・多動や衝動的な行動が目立ち，わがまま，集団行動に従えないと受け取られる
・不注意による聞き逃しや忘れやすさにより，勘違いや集団からの遅れがみられる，自分だけが聞いていないと被害的に受け取る
・学業不振
限局性学習症
・努力にもかかわらず成績がふるわない
・授業内容についていけず，教室にいることが苦痛になる

(出所) 石崎 (2015)，石崎 (2017)，浜田・村山・明翫・辻井 (2015)，鈴木他 (2017) をもとに筆者作成

らかにして登校しやすい環境に整えるなどの教育的・心理的支援が重要とされる (石崎, 2017)（表 2-4）。

3 支援の視点

3-1 子どもの実態を把握する

子どもの認知や適応行動に関する実態把握の客観的な評価手法の一つとなるのは各種**心理アセスメント**である。とくに，自閉スペクトラム症や注意欠如・多動症，限局性学習症では認知機能の偏りによって学習面・行動面に特異的なつまずきも抱えやすい。このため，個別式知能検査（ウェクスラー式知能検査，日本版 KABC-II など）によって知能水準や認知領域間の個人内差，普段の学習への取り組み状況や定期試験の結果を確認した上で，必要に応じて神経心理学的検査（ストループテストなど）や読み書き計算，適応行動に関するアセスメント（Vineland-II 適応行動尺度など）を行い，総合的に捉えていく必要がある。

心理アセスメントの実施担当者は子どもの認知の強みや弱みといった認知特性の解釈を伝えることによって，保護者や学校関係者の子どもに対する**共通理解**を促すとともに，学校や家庭での支援につながる視点を具体的に示すことによって，活用しやすい心理検査所見を作成することが必要である。

3-2 実態把握を支援に活かす

これまで述べてきたように，障害を抱える子どもたちの実態は主となる症状とその程度，併存症状や二次障害の有無，認知水準や認知領域間の個人内差，さらには個人が受けてきた教育経験などの様々な要因によって多様化する。このため，子どものニーズは個別性が高いことから，診断名のみに捉われず，各専門機関から提供される情報や子どもによく接する機会のある各関係者からの情報も含めて総合的に判断していくことが重要である。

支援にあたって注目すべき点は子どもの能力の強みと弱みである。強みは授業方法の工夫や，子どもが苦手な部分を補う方略の獲得に活かしたり，子どもの自信を高める活動への参加や技能の習得にもつながる。弱みとなる部分では授業や学習方法，教材の工夫，ICTのような代替手段による学習方法の検討に活かすことができる。

今後，公認心理師に求められる役割として，一斉指導や個別指導，個別の指導計画の作成に活かす支援情報の提供，不適応状態にある子どもへの心理的支援，保護者に対する子どもの抱える障害への理解や将来に対する不安への支援，などがあげられる。特別支援教育体制を支える一員として，子ども自身や子どもを取り巻く状況をふまえた的確で弾力的な支援が期待されている。

❖考えてみよう

小学4年生の女児が，母親に伴われて教育相談室に来室した。母親によると，学校への行きしぶりがあるが，学習には意欲的で，友だちともよく遊んでいる。母親をよく手伝い，食前に必ず食器を並べるという。幼児期は泣くことも要求も少ない，手のかからない子どもだった。本人に聞くと，音読が苦手であり，授業中うまく音読ができず，緊張して瞬きが多くなるという。また「友だちには合わ

せているが，本当は話題が合わない」と話す。あなたが教育相談室の相談員なら，どのように見立てて対応するか，考えてみよう。
（第1回公認心理師試験（平成30年9月9日実施分）問題・問61を一部改変）

もっと深く，広く学びたい人への文献紹介

原　仁（責任編集）(2019). 新版 子どもの発達障害事典　合同出版
　☞発達障害に関するよくある質問，各種発達障害の臨床特性や医療，専門的な支援について，3部構成で解説がわかりやすくなされている。保護者からの質問への対応の参考にもなる。

柘植 雅義・『インクルーシブ教育の未来研究会』（編）(2017). 特別支援教育の到達点と可能性 2001〜2016年――学術研究からの論考――　金剛出版
　☞特別支援教育の動向を各分野の専門家が簡潔にまとめている。特別支援教育体制や取り組みの状況，今後の課題の把握の参考になる。

引用文献

American Psychiatric Association (2013). *Diagnostic and statistical manual of mental disorders* (5th ed). American Psychiatric Publishing.
（日本精神神経学会（日本語版用語監修）髙橋 三郎・大野 裕（監訳）(2014). DSM-5 精神疾患の診断・統計マニュアル　医学書院）

浜田 恵・村山 恭朗・明翫 光宜・辻井 正次 (2015). 発達障害者が社会適応を高めるには　ストレス科学研究, *30*, 20-26.

一般社団法人日本LD学会 (2017). LD・ADHD等関連用語集　第4版　日本文化科学社

石橋 由紀子 (2018). 校内体制づくりと特別支援教育コーディネーター　湯浅 恭正（編）よくわかる特別支援教育　第2版（pp.14-15）ミネルヴァ書房

石崎 優子 (2015). 発達障害の認知の偏りと不登校　教育と医学, *63*(5), 415-421.

石崎 優子 (2017). 子どもの心身症・不登校・集団不適応と背景にある発達障害特性　心身医学, *57*(1), 39-43.

小貫 悟 (2016). アクティブ・ラーニングと授業のユニバーサルデザイン――アクティブ・ラーニング自体をUD化するための〈視点モデル〉と〈授業設計基本フレーム〉の提案――　LD研究, *25*(4), 423-430.

文部科学省. 特殊教育資料・特別支援教育資料（平成14年度〜平成16年度）Retrieved from http://www.nise.go.jp/blog/2000/01/c4b68f53958d689315ff329c3d9a414bb76a04c2.html（2018年10月14日閲覧）

文部科学省．特別支援教育資料（平成17年度〜平成28年度）　Retrieved from http://www.mext.go.jp/a_menu/shotou/tokubetu/1343888.htm（2018年10月14日閲覧）

文部科学省（2004）．今後の特別支援教育の在り方について（最終報告），小・中学校におけるLD（学習障害），ADHD（注意欠陥／多動性障害），高機能自閉症の児童生徒への教育支援体制の整備のためのガイドライン（試案）(pp. 113-155)　東洋館出版社

文部科学省（2012a）．共生社会の形成に向けたインクルーシブ教育システム構築のための特別支援教育の推進（報告）概要　Retrieved from http://www.mext.go.jp/b_menu/shingi/chukyo/chukyo3/044/attach/1321668.htm（2018年10月3日閲覧）

文部科学省（2012b）．通常の学級に在籍する発達障害の可能性のある特別な教育的支援を必要とする児童生徒に関する調査結果について　Retrieved from http://www.mext.go.jp/a_menu/shotou/tokubetu/material/__icsFiles/afieldfile/2012/12/10/1328729_01.pdf（2018年10月3日閲覧）

文部科学省（2012c）．資料1　特別支援教育の在り方に関する特別委員会報告　就学相談・就学先決定の在り方について　共生社会の形成に向けたインクルーシブ教育システム構築のための特別支援教育の推進　Retrieved from http://www.mext.go.jp/b_menu/shingi/chukyo/chukyo3/siryo/attach/1325886.htm（2018年9月30日閲覧）

文部科学省（2013）．教育支援資料〜障害のある子供の就学手続と早期からの一貫した支援の充実〜参考資料　Retrieved from http://www.mext.go.jp/component/a_menu/education/micro_detail/__icsFiles/afieldfile/2014/06/13/1340247_16.pdf（2018年10月13日閲覧）

文部科学省（2018）．特別支援教育資料（平成29年度）　Retrieved from http://www.mext.go.jp/a_menu/shotou/tokubetu/material/1406456.htm（2018年9月28日閲覧）

齊藤万比古（編著）（2009）．発達障害が引き起こす二次障害へのケアとサポート　学習研究社

眞田　敏（2010）．第1章　広汎性発達障害の医学　安藤　美華代・加戸　陽子・眞田　敏（編著）　子どもの発達障害・適応障害とメンタルヘルス (pp. 3-29)　ミネルヴァ書房

笹森　洋樹（2018）．高等学校における特別支援教育の展開　日本発達障害連盟（編）　発達障害白書2019年版 (pp. 88-89)　明石書店

鈴木　菜生・岡山　亜貴恵・大日向　純子・佐々木　彰・松本　直也・黒田　真実・荒木　章子・高橋　悟・東　寛（2017）．不登校と発達障害——不登校児の背景と転帰に関する検討——　脳と発達, $49(4)$, 255-259.

第Ⅱ部

教育心理学

第3章　学びのプロセス
——学びの本質を理解しよう

田中俊也

> 　学校教育において「学び」は本来中心的な位置を占める。在学時間の半数以上は「授業」という形でそれに割かれていること，学びを通しての人格形成が図られていることを考えても，その学びがどのように行われているか，どのように行われるべきかを考察することは教育心理学・学校心理学にとってのコアになる部分であることは明白である。本章では，学力の概念を中心に学びの本質を理解し，教室での様々な目的に沿った学習方法を概観し，それがうまく進まない場合の方策・指導について考えていこう。

1　学力とは

1-1　能力と学力

　一般的に，何事かをなし得る力を**能力**という。外国語（何事か）が話せれば（なし得れば）その人は外国語能力（能力）を持っている，と言われる。この観点からすれば，能力がある・ない，は，「なし得た」と他者が解釈できるかどうかにかかることがわかる。外から観察可能なパフォーマンスがとれるかどうか，という点からの定義である。faculty や talent といった，特定の領域での特定のことをなし得る力である。

　一方，「能力」という言葉で，capability や capacity といった，特定の領域を想定しない汎用的なことに対応する力を示す場合もある。何事かをなし得る潜在的な力や資質を示すもので，competence という単語で示されることが多

い。

　われわれが一般に「能力」という場合，そうした，外に示せるような力と潜在的な力の両方を指示していることがわかる。能力がある，とは，外から見て明らかに何事かをなしている場合か，なしているとは「観察」はできないが，なし得る力を持っていると認められる場合をも指す。

　そうした汎用的な場で用いられる「能力」とちがって，**「学力」**は，明らかに学校場面での能力を示す場合に用いられる。「何事か」とは学校の「教科」で要求される知識や技能のことであり，それを「なし得る」，とは，必要とされる知識やスキルを持っていること（「わかる」し「できる」状態）であり，それらが備わっていればその教科についての学力がある，とされる。ここからすれば，学力は一義的にはその教科の学力であり，教科の数だけ学力が存在することになる。逆に言えば，教科の存在しないところでの能力は学力とは呼べない。社会科の学力は存在するが一般的な問題解決や意思決定ができる力を学力とは呼ばない・呼べないし，そういう学力はない，ということになる。

　そうした，学校の教科の知識やスキルに特化したいわゆる**学校学力**（以下，これを**狭義の学力**，とする）は，世の中が安定してみんなが一定の価値観を共有し，親や世間・政治がこの方向に進めば問題ない，責任もってその正しさを保証する，という時代には，子どもたちの学びの最大のインセンティブにもなった。学校学力をきちんとつければつけるだけ将来が保証される，という幻想を抱かせやすいものであった。いわゆる**「学習」**のスタンスを保ってしっかり**「勉強」**（コラム参照）すれば将来が保証される，という幻想・妄想の世界である。現在はそうした幻想は完全に崩され，学力そのものの定義が，学校学力を離れて，現実の生活の場での適応能力を保証するものになってきている。市川（2002）のいう「測りにくい力」も，学力に含めようとする方向である。

　市川（2002）は，学力を，学んだ結果として身についた力と，学ぶために必要な学ぶ力にまず2分している。さらにそれぞれの力を測りやすいか測りにくいかという観点から分類し，表3-1のようなマトリックスを作成した。ここでの「測りにくい力」は，1980年代にさかんに議論された「新しい学力観」の中

第3章　学びのプロセス

☕ コラム　学び・学習・勉強と遊び

　学びの対立概念はなんだろう？と問うたいていの人は「遊び」だと答える。学びは自己を成長させるものでよいこと，遊びは自己の成長を止め場合によっては悪い方向にもっていくこともあるのでよくないこと，というのがたいていの人の抱くイメージである。遊び呆けてだめになる，とは言っても学び呆ける，とは言わない。ダメ，は必ず「遊び」とくっついている。

　このイメージの多くは，学校教育での「勉強時間」と「遊び時間」の経験に由来する。勉強時間はがむしゃらに学び，その連続だと疲れるのであいまに遊び時間という休憩時間を入れる。学校という文化では，遊び時間に学んでいるのは勉強時間に遊んでいるのと同様に望ましくない，とされる。別の言い方をすれば，学校文化が学びと遊びを分化してしまった，と言える。佐伯（2004）の以下のアフォリズムはそれをみごとに表している。

　　学校では，学ぶ（勉強する）ことを主たる目的とし，そればかりだと疲れてしまうので，休み時間というものを合間にいれて，その休み時間には遊んでよい，というきまりをつくってしまった。それ以来，学ぶ（勉強する）ときは遊ばないし，遊ぶときは勉強から解放される，ということで遊びと学びは真っ二つに分かれてしまった。

　学びは，現在の「私」を起点として，わからないこと，できないことなどをよりわかる・できる私に変えたいという内発的な動機で人や物を含む環境とかかわることであり，結果としてそうした変化が実感される。実感が重要であり，外から見て明らかに変化したことは必ずしも要求されない。それはアイデンティティの形成と深くかかわっている。その根本的なエネルギーは，自分の外部の環境の人・もの・できごとに敬意を表し，それをまねて自分のものとしたい，という動機である。

　学習では，古典的な定義の通り，一定の経験を経たことによる目に見える変化が期待され，かつその変化はすぐに消える変化ではなく比較的永続性を持つことが期待される。学校での「経験」の多くがそうした変化が起こることを期待した「教科学習」という学習活動経験である。学校の中で学習をすれば，制度的に設計された知識が獲得されることが保証され，それはやがて社会で役立つもの，と教え込まれる。学びを外部から誘い，まねて倣う（習う）ことを勧める。

　勉強は，学習の延長で，そうした教科学習の内容を獲得し，かつ，それが外からでもみえるようにするためにはそれを調べる「テスト」でも一定の成果が得られることが期待され，そのために，勤め，励むこと（「勉」の意味），もっと言えば，もともと無理があることについてあえて無理を強いること（「強」の意味）である。経験による行動の変容のありさまを，無理をしてでも外に表す努力をすること，ともいえる。ここに「遊び」の入る余地はまったくない。佐藤（2001）のアフォリズムもみごとなものである。

　　〈勉強〉の世界は，何とも出会わず誰とも出会わず自らとも出会わない世界であり，

第Ⅱ部　教育心理学

> 快楽よりも苦役を尊び，批判よりも従順を，創造よりも反復を重視する世界でした。〈勉強〉の世界は，将来のために現在を犠牲にする世界であり，その犠牲の代価を財産や地位や権力に求める世界でした。そして〈勉強〉の世界は人と人の絆を断ち切り，人と人を競争に駆り立て，人と人を支配と従属の関係に追い込む世界でした。この世界の愚かさを，今の子どもたちはよく知っています。
> 　一方の遊び，はどうか。楽しいことをして心を慰めたりきれいな景色を眺めたりして楽しむことを示す。その本質は，本人に，ある事柄への興味関心のコアがあり，そのコアからスタートしてその行動自体を目的として自発的に行動することを意味する。楽しいので簡単に行動をやめることはせず，飽きるまで徹底してその行動を行う。この行動の継続はじつは内面の変化も生じさせている。それは，学びが起こっている，ということである。
> 　遊びは学びの対立概念であるどころか，ある意味では同義でもある（田中・佐伯・佐藤，2005）。学びの対立概念はじつは勉強であることが理解できるであろう。

表3-1　学力の二元的分類

	測りやすい力	測りにくい力
学んだ力	知識，（狭義の）技能	読解力，論述力，討論力，批判的思考力，問題解決力，追究力
学ぶ力		学習意欲，知的好奇心，学習計画力，学習方法，集中力，持続力，（教わる，教え合う，学び合うときの）コミュニケーション力

（出所）市川（2002）

にも示されたものであり，学力の概念に，旧来の学んで得た結果としての力（測りやすい力），に加え，「学ぼうとする力」や「学んでいく過程としての力」という測りにくい力が含まれている。

1-2　学力の3要素

　これをもっとも如実に表現したものが，**学力の3要素**，という考え方である。これは21世紀になって，認知心理学や学習科学，諸外国の学びの研究などからたどり着いたある種必然性を持つ考え方で，学力について旧来のように学校学力という捉え方をすることからは決別したものである。
　上の，学ぼうとする力を「主体的に学習に取り組む態度」とし，学んでいく過程としての力を「思考力・判断力・表現力その他の能力」とし，これに旧来

表3-2　改正学校教育法　第29条，第30条（2007年公布）

> 第29条　小学校は，心身の発達に応じて，義務教育として行われる普通教育のうち基礎的なものを施すことを目的とする。
> 第30条　小学校における教育は，前条に規定する目的を実現するために必要な程度において第21条各号に掲げる目標を達成するよう行われるものとする。
> 2　前項の場合においては，生涯にわたり学習する基盤が培われるよう，基礎的な知識及び技能を習得させるとともに，これらを活用して課題を解決するために必要な思考力，判断力，表現力その他の能力をはぐくみ，主体的に学習に取り組む態度を養うことに，特に意を用いなければならない。

（注）第30条の第2項は，第49条において中学校で，第62条で高等学校において準用されることが明記されている。

の学んだ結果としての「知識及び技能（スキル）」が含まれる。従来，こうした考え方の提案は審議会の諮問・答申のレベルの公文書にとどまっていたが，この学力の3要素については，学校教育法の一部改正の折に条文として公布された（2007年：表3-2）。

この第30条第2項は，「特に意を用いなければならない」ものとされ，かつ，中学校・高校の教育においても「準用」とされている。これは要するに，学校で身につけさせる力＝学力を，こうした三つの要素で構成されるもの，と公言したことになっている。

学習と学びを峻別する立場からは，ここでの「学習」という表現に違和感が感じられるが，学力をこうした広い観点で捉えなおしたことそのものは今後の教育の方向を明るくしたものと評価できる。この，「基礎的な知識及び技能」，「思考力，判断力，表現力その他の能力」，「主体的に学習に取り組む態度」が学力の3要素（こうした形での学力を以下，**広義の学力**，とする）と呼ばれている。

1-3　学力を支えるもの

こうした広義の学力は，いったい何に支えられているであろうか。

狭義の学力を学力とした際には，基本的には知識の獲得量，獲得された知識の安定的な保存（記憶），必要に応じて知識を取り出す際の速さや正確さが求められ，それらに長けたものが高い学力を持つもの，とされた。これは，コン

ピュータのアナロジーで言えば，CPU（中央処理装置）というコンピュータのメインになる部分の貯蔵量とその処理の速さ（メインメモリーの大きさとクロック周期の速さ），外部記憶装置の容量とその処理の速さ，入出力装置とCPU，外部記憶装置との連携の速さ等が問われていることになる。人間を情報処理装置とみなす立場からは，その学力は，入力時の教科の情報の入力のされかた（授業の受けかた），経験（授業）の繰り返しによるそこでの重要な情報の貯蔵のされかたおよびそれにともなう出力のされかた（行動の変容のありかた）で定義され，そうした学力を支えるものは，徹底して，外部環境としての教科の知識の取り込みかた，維持のしかた，必要に合わせた出力のしかた，ということになる。そうした観点で塾や予備校では「学力」を高めるための徹底したトレーニングが繰り返される。

　しかしながら，広義の学力，という観点からは，それでは学力を支える重要なあと二つが徹底的に排除されていることがわかる。なぜ学びたいのか・学ぶのか，という学びに対しての**主体的な取り組みの態度**や，学びを現実化させるための**考え判断し表現する力**をどうやって身に付けさせるか，という点である。

　学力の3要素をよしとするならば，同時に学習観・学び観も大きな変革が要求される。学びへの動機づけや，考え判断し表現する力の獲得は，現在の学力を考える上では避けて通れないものであり，換言すれば，それらが学力を支えている，ということもできる。

　同時に，われわれの思考や行動の源となる「知識」がどのように形成され運用されるのか，そもそも知識とはどういうものか，という**知識観**についても十分な検討が必要となる（田中，2017）。教師も児童・生徒も個々人は自分なりの「知ること」「知識を持つこと」「知識」についての個人的な認識論（personal epistemology）を持っているものであり，それらの変革と充実をも視野に入れた教授・学習活動が確かな学力をはぐくむものである。

2 学習方法

　学力に，上記のような狭義・広義の意味があるのと同様に，その力を身に付けるための**学習方法**にも様々な形態がある。ここでは，記憶としての知識・スキルの獲得を目指す狭義の学力構成に貢献する学習方法と，知識はそうして与えられるものではなく，自ら構成していくものだという知識観にもとづく学習方法，さらに学び手の主体性，仲間との協同性，結果としての深い学びができることを目指す方法に分けて考えてみよう。

2-1　知識やスキルの定着をめざす学習

　学習すべき内容がある種確定された知識やスキルである場合には，学び手はその内容を受容し，記憶のうちにどんどんため込んでいき，必要に応じてそれが正しく取り出せるようなトレーニングをすればいいことになる。もっとも狭義の学力の形成を目指すやりかたである。

有意味受容学習

　われわれの文化や社会には，先人が築きあげてきた膨大な量の正しい知識・スキルがあり，そうした文化的遺産としての知識・スキルをできるだけ効率的に学校教育の場で受け渡ししていく，そういう教授・学習方法である。具体的には，「教科書」に書かれたそうした文化的遺産を，長時間かけて，児童・生徒に受け取らせる（受容させる）活動である。その際，児童・生徒側にはある程度の既存の知識があることを前提とし，その既存の知識からみても意味のあるもの（有意味）として新知識が受容されることを目指す。新知識を旧知識にとって意味があるようにさせる先行する仕組みを**先行オーガナイザー**と呼ぶ。

　新しい単元や概念の授業の際には教師は必ずこうした先行オーガナイザーを用いて，新しい知識がたんなる機械的記憶にとどまらず意味のある知識になるような工夫をする。その一つが**説明オーガナイザー**で，新知識が旧来の既存知識とどういう関係にあるのかを具体的に説明していく。もっとも一般的な授業

第Ⅱ部　教育心理学

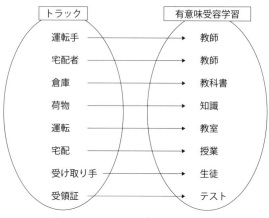

図3-1　トラックモデルのアナロジー
（出所）田中（2000）より新たに作成

の形態である。もう一つは**比較オーガナイザー**で，新知識と旧知識をアナロジー（類推）の手法を使って関連づけ，新知識を有意味化する。旧知識でよく知っていることがら（ベース領域）に新たな，意味を持って理解してほしい新知識（ターゲット領域）を対応づけ（マッピング）して理解を促す。たとえば，理科で人間の目の仕組み（ターゲット）を理解させるのに，同じ理科で習ったカメラの仕組み（ベース）を持ち出し，その対応づけで目の仕組みの理解を促す。同様に，ここで説明している「有意味受容学習」という概念を理解するのに，田中（2000）は**トラックモデル**という比較オーガナイザーを提唱している（図3-1）。ターゲット領域としての有意味受容学習をベース領域としてのトラックでの宅配便で理解させようというものである。

プログラム学習

教えたり獲得させたりすべき内容がはっきりしていて，かつ，その内容の構造化の程度が高い場合，教える側はその内容を精査し，目的とする知識やスキルが効率的に獲得できるプログラムを作る。それに沿った学習をプログラム学習という。これは**オペラント条件づけ**の原理を応用したものである。

オペラント条件づけとは，行った行動の結果が好ましい環境変化を起こさせたとき，次からはそうした環境変化を生じさせるための「道具的」行動として

その行動が行われるようになる,という条件づけの原理である(本シリーズ第8巻『学習・言語心理学』第2章も参照)。そうした行動を起こす確率を高める学習法(教授法)の一つがプログラム学習である。その原理は以下の四つに集約できる。

①スモールステップの原理:オペラント条件づけにおける継時的接近の原理にもとづくもので,目的とする行動形成に向けて学習のプロセスを小さなステップに分け,それを順を追って獲得させる。

②即時フィードバックの原理:児童・生徒の反応に対してできるだけ素早くフィードバック情報を与える。効果の法則,分化強化の原理にもとづくもので,行った行動の効果の有無(正解・不正解)を素早く知らせる。コンピュータでプログラム学習をさせる際にはもっとも容易なKR情報(結果についての知識の情報)であるが,通常の授業においても,挙手した児童・生徒の回答へのその場での正誤情報がこれにあたる。

③積極的反応の原理:教師の問いかけに対して,児童・生徒が自分の記憶に問いかけ,その正誤のみを知ろうとする(再認記憶の確認)のではなく,持っている知識の再生(再生記憶を呼び起こす)を積極的に図ろうとすること。

④学習者ペースの原理:プログラム学習という名称が示す通り,この方法は勢い教授者側のプログラムに沿って一方的に画一的なペースで進められるように捉えられがちであるが,じつはその逆の,学習者のペースで学習が進んでいくことを保証することが重要である。コンピュータに補助されたいわゆるCAI (Computer Assisted Instruction:コンピュータ支援による教授) やCAL (Computer Assisted Learning:コンピュータ支援による学習) ではこの原理は保証されやすい。

反復学習

文字通り,学習時の経験を反復練習して目的とする学習内容を半ば自動化するまで訓練する方法である。高次の知識の基礎となる基礎的知識の獲得(算数での九九,国語での漢字の読みなど)の際に用いられることが多い。

2-2 知識の発見や構成をめざす学習

　文化的遺産としての膨大な知識を無批判に受容するのではなく，実際にそうした知識が獲得されてきた歴史を追認する形で学習を進めていく方法もある。理科における様々な実験や，技術・家庭科での様々な実習をとおして，「なるほど，こうなんだ」という知識を獲得・確認する方法である。**発見学習**というやりかたがその典型である。

　教師には，児童・生徒が獲得してもらいたい知識の完成形のイメージは明確に存在するが，それを既存の知識として有意味受容学習的に教え込むのではなく，そこに至った探求のプロセスを児童・生徒に追体験させ，子どもたち自身が自分でその知識を発見した，という手ごたえを体験させるのである。

　自分である知識を発見した，作りだした（構成した）という経験はきわめて重要である。こうした教育は，知識というものは既存の確定したものがありそれを学ぶのが学校だという知識観・学校観を変え，学校や教室はそうした知識を創成していく場でもあるという実感を持たせることにつながる。

2-3 主体的で協同的かつ深い学びをめざす学習

　今日，上記の広義の学力を学校教育の場で身に付けさせる方策として，**アクティブラーニング**という教育方法（第4章参照）が取りざたされている。学びとはそもそもが自己のアイデンティティとかかわる主体的（アクティブ）なものであり，学び手である児童・生徒の学びに主眼を置いたものであり（アクティブ），与えられたものを超えて積極的に世界の意味を解釈しようとするものである（アクティブ）ので，学びを行うということは本質的にアクティブラーニングを行うことになっており，ことさらにアクティブラーニングの必要性を唱える必然性はまったくない。これは，学校教育が学びではなく学習や勉強を中心概念に据えてきたのに対し，そこからの脱却を図るためのプロパガンダの一つといえる。

　高等教育ではアクティブラーニングはそのままの用語で取り入れられているが，2020年度から実施される新しい学習指導要領では，**主体的・対話的で深い**

学び，という形に翻訳されて初等・中等教育にも取り入れられることとなった。

上記 2-1 で紹介した有意味受容学習での学習方法は，教師主導の教授方法で，「この知識は大切だよ，しっかり覚えておきなさい」といった形での学習を要求している。2-2 で紹介した発見学習的な方法においても，形の上では生徒が積極的に実験・実習をやっているようにはみえるが，到達すべき知識は予定されており，児童・生徒には疑似的な主体性・積極性を要求しているにすぎない。教科・領域の内容によってはそれでも十分なものもある。経験学習の重要さである。

アクティブラーニングの概念（便宜的に「主体的・対話的で深い学び」と同義としよう）では，それらを超えて，学習ではなく学びのスタンスを児童・生徒がとり，教師も同様の学びのスタンスを共有することが要請されている。

これは，いわば，広義の学力を身に付けさせるための方法であり，たんなる教科的な知識の獲得を超えて，それがどういう場で用いられることを想定するかを前提に，学びの主体性，学び・生活の場の他者との協同性を前提に，**頑健な知識**（これまでの領域一般性・転移可能性といった理念的な広範囲に適用可能な知識に対抗する，「深さ」の概念の導入）の獲得を目指した学習方法である。

3 学業不振の子どもの指導

3-1 学業不振とは

旧来の学力観すなわち狭義の学力の観点から見れば，**学業**とは，それぞれの教科での学習活動の成果として形成された，望まれる行動の変容のことを示す。授業で100の事柄を教えたとすれば，「100の事柄を学習しました」という変容結果（成果）が学業成績という目に見える形ででることが期待される。前節で紹介したトラックモデルでの比喩でいえば，100個の荷物を渡したなら必ず100個についての受領証をもらえる，という構造である。

現実的には，すべての児童・生徒から毎回そうした高品質な受領証をもらえることは期待できず，勢い，「今回の授業ではまあ70くらいの受領証（70点

くらいもらえればいいだろう」という一定の規準を設ける。その規準をクリアした者は次も同様にクリアすることが期待され，また1，2回クリアできなくても「誤差」の範囲とみなしクラスではとくに大きな問題にならない。逆に，1回だけではなくほぼ毎回，そうした規準に満たない成績しか確保できない場合，**学業不振**（under achieve）の懸念が持たれることがある。経常的に学業不振に陥る児童・生徒を学業不振者（under achiever）と呼ぶこともある。

しかしながら広義の学力観からみれば，学業不振の概念はそれほど単純なものではない。

3-2 学びの質的側面の評価の必要性

広義の学力観ではもともと，学習活動そのものの中に受動的な知識の受容能力のみならず，学ぼうとする意欲や態度（トピックス参照），学びのプロセスを支える様々な認知機能（思考力・判断力・表現力等）の十全な発揮も想定されている。したがって，その成果である学業成績の中にもそうした側面の評価が含まれているべきである。

学業不振の問題は，従来，教科の学習活動（家庭学習も含む）そのものの量や質（学習量・質要因），学び手である児童・生徒自身（個人内要因），彼ら彼女らをとりまく家庭や地域の共同体（環境要因）に原因帰属させられてきたが，学業成績として取りざたされるのは依然数値で表された学習活動の成果としての評価結果にとどまる。たんにそうした形で表された評価結果だけが真の学業成績を表しているわけではない，と考えつつも，そうした，学ぼうとする意欲や態度，個別の教科を超えた一般的な思考・判断・表現力等を測る有効な手立てを持たないため，旧態依然の評価システムで学業不振も定義されざるを得ない状況である。

昨今，大学等の高等教育の場では，**ルーブリック活用の評価，ポートフォリオ活用の評価**といった，学びの質的側面の評価ツールの活用がさかんに行われるようになってきたが，初等・中等教育でも広義の学力観が共有されるようになってくると，ますますそうした場でも新たな評価・測定システムの開発・共

有が急がれる。

3-3　学びの個人差にあわせた学習指導

　学業不振の問題は，上述のとおり，学習活動そのものの量や質の要因，個人内要因，環境要因等で捉えられてきたが，個人内要因の中にさらに**発達障害**が疑われるような事例も多くみられるようになってきた。

　発達障害については第2章に詳述されているが，この中でもとくに限局性学習症（限局性学習障害）（Specific Learning Disorder：SLD）や注意欠如・多動症（注意欠如・多動性障害）（Attention-Deficit/Hyperactivity Disorder：AD/HD）は学習活動に直接結びつく障害の事例であり，その障害の特徴から学業不振とも結びつきやすい。

　2007年度より法改正にともなって特別支援教育の推進がはかられ，特別支援学校とは別に，小・中学校に少人数の学級である**特別支援学級**が設けられた。通常の授業は通常の学級で受けながら，必要に応じて**通級指導教室**に通う，通級による指導の形態も設けられ，そこでの学習指導はじつは通常の学級での指導にとっても示唆に富むものとなる。

　前節で紹介したプログラム学習や反復学習は，学習者のペースにあわせた個人指導向きの学習方法であり，その指導と個人内評価（その学習者の状態にあわせた規準を設定し，そこに向けての努力とその成果を評価する）をセットにして行う学習指導が期待される。

❖考えてみよう

　小学6年生のある男児は，授業中ぼんやりしていることが多い。指示しない限り板書をノートに写さず，学習全般に対して受動的で，テストの点数も低い。一方，教師に対して反抗的な態度を示すことはなく，授業中に落ち着かなかったり立ち歩いたりという行動も見られない。人間関係も良好である。知能指数は標準的で，言葉の遅れもコミュニケーションの支障もなく，読み書きや計算の能力にも問題はない。あなたがスクールカウンセラーなら，彼の状態をどのように見立てて援助するか，考えてみよう。

　（第1回公認心理師試験（平成30年9月9日実施分）問題・問68を一部改変）

もっと深く，広く学びたい人への文献紹介

佐伯 胖（2004）．「わかり方」の探求——思索と行動の原点—— 小学館
　☞わかるということを人間の生の原点に据えた佐伯胖の論をそれこそ「わかりやすく」まとめた好著。「探求」がこれからの教育のキーワードになるとき，ぜひ共通の基礎理解として「わかる」ということをわかりたいものである。

佐伯 胖（監修）渡部 信一（編）（2010）．「学び」の認知科学事典 大修館書店
　☞書名は「事典」であるが，じつは読み物である。「学びをどう考えるか」「子どもの学び」「生涯を通した学び」「学びのメカニズム」「関係と状況の中での学び」「学びとテクノロジー」の6部構成で，学習科学・認知科学の全体像が理解できる。

引用文献

市川 伸一（2002）．学力低下論争 ちくま新書
佐伯 胖（2004）．「わかり方」の探求——思索と行動の原点—— 小学館
佐藤 学（2001）．学力を問い直す——学びのカリキュラムへ—— 岩波ブックレット，No. 548 岩波書店
田中 俊也（2000）．ネットワーク社会における新しい教育 園田 寿（編著）知の方舟——デジタル社会におけるルールの継承と変革——（pp. 59-77） ローカス
田中 俊也（2017）．教えること・学ぶこと 田中 俊也（編）教育の方法と技術——学びを育てる教室の心理学——（pp. 3-19） ナカニシヤ出版
田中 俊也・佐伯 胖・佐藤 学（2005）．学び・遊びと教育 教育科学セミナリー，*36*，109-119．

> トピックス　やる気を高め，維持するために理解すべきこと
>
> 藤田哲也

　第3章の中でも「学ぶ意欲と学業不振」について触れられているが，そもそも「学ぶ意欲」，あるいは「**やる気**」，「**モティベーション（動機づけ）**」は，心理学的にはどのように捉えられているだろうか。鹿毛（2012, p.4）はこれを「行動が生起し，維持され，方向づけられるプロセス全般を意味する」と定義している。やる気は「ある」か「ない」かのいずれかの状態であると単純に考えられがちだが，この定義をよく見てみることで，その奥深さがわかるだろう。

行動を起こすこと

　まず，「行動が生起する」ことが重要である。たとえばよく「やる気はあったんだけど，テスト勉強できなかった」というような表現を耳にするが，厳密に言えば学習行動が生起していなかったのだから「やる気があった」とは言いがたい。もし学業不振の原因が「そもそも学習行動を起こせない」ことにあるのであれば，まずは最初の一歩を踏み出しやすくするための介入が有効ということになる。

　そのための切り口の一つになると思われるのが**自己効力感**（Bandura, 1977）の理論である。自己効力感とは「自分には，ある行動をうまくやり遂げることができる」という自信のようなものであり，これがやる気に影響を及ぼすとされる。自己効力感の理論を理解する上では**結果期待**と**効力期待**という二つの予期を区別することが重要である。結果期待というのは「ある行動を起こせば，望ましい結果がもたらされる」という見通しのことであり，学習場面でいえば「かなりのテスト勉強をすれば，高い得点を取ることができる」というようなことである。一方，効力期待とは「その行動を自分が遂行できるかどうか」の

見通しのことである。「テスト勉強すればよい結果につながることがわかっているが，自分にはそのテスト勉強を十分にすることができないだろう」と感じていれば，効力期待は低いことになる。そしてこの効力期待を認知した（自覚した）ものが自己効力感である。前述の「やる気はあったけど，テスト勉強できなかった」という状態の一つの典型的なパターンが，自己効力感の理論で説明できる。「テスト勉強をすれば高い得点を取れることがわかっていて，それは自分にとっても価値のあることだと理解はしていたが，テスト勉強をやり遂げられるかどうか自分でも確信が持てず，始められないまま，時間だけが過ぎ去ってしまった」ということなのだろう。

　では，このような子どもに対してはどのように介入すればよいのだろうか。この場合，テスト勉強の重要さを説くことはあまり効果的ではないだろう。結果期待はすでに認知されているからである。より効果的なのは「自分にもやり遂げられる」という見通しを持たせることである。具体的には「遠くて大きな目標」を「がんばれば手が届く近くて小さな目標」に分割することである。「英語の定期試験のために試験日までにトータル10時間程度勉強すればよい結果が得られる」という結果期待があるとしよう。ここで「では試験日まで10時間，最後までがんばろう」というのが大きな目標である。これをたとえば「試験日まで，1日1時間の勉強を10日やろう」と小さな目標に分割するのである。勉強が得意でない子にとって，好きでもないテスト勉強に10時間も取り組むのは途方もないことであり，達成できる確信は持ちにくい。しかし同じ子でも，がんばれば1時間くらいはやれそうだと思うかもしれない（当然，個人差はあるので，どの程度の時間に目標を設定するのかは臨機応変に）。ここで重要なのは，その小さな目標をクリアしたら，しっかりほめて，達成感を味わわせることである。つまり「自分でもやればできる」という認知を持たせることにある。これを10日繰り返せば，当初の大目標も達成できる。大目標のままでは，やり遂げられる見通しも持ちにくいだけでなく，目標達成の喜びも一度しか味わうことができない。適度に「がんばれば達成できる」と子ども自身が認知できる目標を設定することが，最初の一歩を踏み出す支援になるだろう。

行動を維持すること

　行動が生起したとしても，長続きしなければ望ましい成果を上げることはできない。行動の維持という点に関しては，**外発的動機づけ**と**内発的動機づけ**の区分から理解をすることが有効であろう。外発的動機づけとは「報酬を求める，あるいは罰を避けるために行動する」という賞罰にもとづくやる気である（鹿毛，2012，p.20）。たとえば，学習行動が起きない子に対して「テストでよい点をとったらおこづかいをあげるよ」と報酬を予期させたり，「テストで悪い点をとったら叱られる」という予期を与えて，勉強「させる」という状況が当てはまる。一方の内発的動機づけとは「その活動自体から生じる固有の満足を求める」ようなやる気である（鹿毛，2012，p.21）。たとえば知的好奇心や興味などによって自発的に学習行動を起こしている場合が当てはまる。

　行動の維持という観点からは，内発的動機づけの方が望ましいとされている。報酬を求めるなどの外発的動機づけにもとづく学習行動は，その報酬をもらえるという予期がなくなれば減衰してしまう。つまり，外からの働きかけが継続していなければ，学習行動も維持されない。それに対して内発的動機づけは，学習者自身の内側から湧き起こるやる気であり，外からの働きかけがなくても学習行動が維持される。「学習」という場面では想像しにくいのであれば，子どもが「好きな」ゲームをしている場面を考えれば，勝手にゲームをやり続けるそのやる気の背後にゲームに対する内発的動機づけがあることが理解できるだろう。

　ここで，子どもの学習行動を維持するという観点から，注意すべきこと，あるいは知っておくべきことをいくつか挙げておきたい。

　まず第一に「**アンダーマイニング現象**」（たとえば Lepper, Greene, & Nisbett, 1973）について知っておいていただきたい。子どもがすでに内発的動機づけによって行動している場合に，教師や親が外発的動機づけを上乗せしようと考えて報酬を与えることは，むしろ逆効果になる，すなわちせっかくの内発的動機づけを台無しにしてしまうという現象である。学習自体に興味を持って学習していたはずが，報酬目当ての学習にすり替わってしまい，以降は報酬の予期が

なければ行動が起きにくくなってしまうので注意が必要である。

　次に「内発的動機づけがなければどうしようもない」という考えにとらわれないようにしていただきたい。学習場面で考えれば，その学習内容に興味を持つ（内発的動機づけを持つ）ためには，まずある程度の学習行動を起こして，学習内容に触れることが不可欠であろう。上記の通り，大枠でいえば内発的動機づけの方が行動の維持にとっては望ましいのだが，そもそも行動が生起していない初期の段階であれば，外的報酬などを用いることも併せて検討することが有益だろう。つまり，最初は外発的動機づけによって学習行動を生起させ，段階的に内発的動機づけによる学習行動に移行させるという発想を持つということである。この考え方を推し進めるにあたっては，**自己決定理論**（たとえばRyan & Deci, 2000）が参考になるだろう。人は，自分自身で自分の行動について決定できるとき，つまり自律性が高いほどやる気が高まるという理論である。自律性は1か0かというものではなく，段階性があると考えられている。最初は学習の価値が学習者の内側に存在していなくても，徐々にその価値が内面化され，自己に統合されていくという考え方である（詳しくは，田中（2007）参照。本シリーズ第8巻『学習・言語心理学』第7章も参照）。行動の維持のための介入にあたっては，「内発的動機づけを育てる」という発想を持ちつつ，押しつけるのではなく，子ども自身が望ましい学習行動を選択できるような環境作りに配慮するとよいだろう。

望ましい方向づけをすること

　最後に，やる気を方向づけるという視点から留意点を述べておきたい。ここまで，学習行動を生起させ，維持させるために重要なことを説明してきたが，学習はただやればよいというものではない。「いつもまじめに熱心に授業を受け，ノートもしっかり取っているし，テスト勉強も長時間やっているのに，テストではよい点を取れない」というような子どもについて考えてみよう。このような子は，学習の価値も理解しているし，学習行動も起こしている。また，むしろ他の子よりも長時間勉強しているかもしれない。しかし，学習の成果は

「量だけではなく，質も問われる」のである。いくら長い時間机に向かっていたとしても，その学習それ自体が効果的な方法（**学習方略**）でなければ，効果は上がらない。たとえば意味理解を伴わない丸暗記や一夜づけによる詰め込み型学習では，直後のテストでは何とか点が取れたとしても，長期間保持できるような知識として獲得されにくい。そうではなくて，学習内容の意味理解を重視し，既有知識との関連づけを積極的に行うような学習を用いれば，安定した知識獲得につながりやすい（望ましい学習方法については，藤田（2007a，2007b），村山（2007）を参照されたい）。

　このような学習の方法の選択にかかわる動機づけの理論として，**達成目標理論**（詳しくは，村山（2003a）を参照されたい）について取り上げる。学習者が同じように内発的動機づけによって学習行動を起こし，維持しているように見えたとしても，それぞれが持つ目標は異なるかもしれない。たとえばある学習者は，他の人よりよい成績を取りたい，あるいは悪い成績を取りたくないというように，テストの得点を高めることを目標としているかもしれない。またある学習者は，自分自身の知識を増やしたり技能を獲得することを目標として学習をしているかもしれない。前者の目標は「**遂行目標（パフォーマンス目標）**」と呼ばれ，後者の目標は「**習得目標（熟達目標，マスタリー目標）**」と呼ばれ，区別されている。遂行目標に向かって学習をしている場合には，目標達成のための手段よりは結果が重視されているため，一夜づけや丸暗記など，手っ取り早く直近のテストの得点は上がるが長期的な知識定着の見込みが薄い学習方法が選ばれやすい。一方，習得目標に向かっている場合には，確実に知識を身につけることが目標であるため，普段からの予習・復習などの望ましい学習習慣も持ちやすいし，時間と労力はかかるが効果的な学習方法が選択されやすい（村山，2003b）。目の前にいる子どもが，どちらの目標をより強く意識しているかを把握することで，その子にもっとも響く声かけも可能になるであろうし，学習時間を増やすだけでなく，学習の質を向上させるための介入の必要性について検討する際に有益な枠組みとなるだろう。

まとめ

　以上述べてきたとおり，学業不振をやる気からとらえてみれば，複数の様相が問題として内在しうることがわかる。単純に「やる気を出せ」と言葉がけをしたところで有効とは限らないので注意が必要である。また，学業不振に陥った子どもへの介入としては，やる気（モティベーション）のみならず，効果的な学習方法（学習方略）という視点も重要である。効果的とは言えない学習を長時間続けても成果にはつながりにくい。こうした場合に，子どもは「自分は生まれつき頭が悪いから，いくら努力しても無駄だ」と結論づけてしまうかもしれない。こうなってしまっては事態の改善がより困難になってしまう。学業不振に陥っている子どもと向かい合う際には，何がその不振の原因であるのかを丁寧に診断することがより有益といえるだろう。

もっと深く，広く学びたい人への文献紹介

　鹿毛　雅治（2012）．モティベーションをまなぶ12の理論――ゼロからわかる「やる気の心理学」入門！――　金剛出版
　　☞やる気（動機づけ，モティベーション）の理論についてより詳しく知りたいと思った人にお薦めする。
　藤田　哲也（編著）（2007）．絶対役立つ教育心理学――実践の理論，理論を実践――　ミネルヴァ書房
　　☞やる気の理論をどのように教育場面に応用したらよいのかの実践的な視点について理解を深めたい人や，有効な学習方法についてもっと知りたいという人にお薦めする。

引用文献

Bandura, A. (1977). Self-efficacy: Toward a unifying theory of behavior change. *Psychological Review, 84,* 191-215.
藤田　哲也（2007a）．記憶の分類――人間の記憶の多様性を考える――　藤田　哲也（編著）絶対役立つ教育心理学――実践の理論，理論を実践――（pp. 57-70）　ミネルヴァ書房
藤田　哲也（2007b）．記憶の理論を活かす――効果的な「覚え方＝思い出し方」――　藤田　哲也（編著）絶対役立つ教育心理学――実践の理論，理論を実践――（pp. 71-84）　ミネルヴァ書房
鹿毛　雅治（2012）．モティベーションをまなぶ12の理論――ゼロからわかる「や

る気の心理学」入門！——　金剛出版
Lepper, M. R., Greene, D., & Nisbett, R. E. (1973). Undermining children's intrinsic interest with extrinsic reward: A test of the "overjustification" hypothesis. *Journal of Personality and Social Psychology, 28*, 129-137.
村山　航（2003a）．達成目標理論の変遷と展望——「緩い統合」という視座からのアプローチ——　心理学評論, *46*, 564-583.
村山　航（2003b）．テスト形式が学習方略に与える影響　教育心理学研究, *51*, 1-12.
村山　航（2007）．学習方略——子どもの自律的な学習を目指して——　藤田　哲也（編著）絶対役立つ教育心理学——実践の理論, 理論を実践——（pp. 85-100）　ミネルヴァ書房
Ryan, R. M., & Deci, E. L. (2000). Self-determination theory and the facilitation of intrinsic motivation, social development, and well-being. *American Psychologist, 55*, 68-78.
田中　あゆみ（2007）．動機づけの基礎——やる気を心理学的に捉える——　藤田　哲也（編著）絶対役立つ教育心理学——実践の理論, 理論を実践——（pp. 31-41）　ミネルヴァ書房

第4章 学びの環境
——個人と環境とのかかわりを 捉える社会文化的視点

山田 嘉徳

> 人は外界とのかかわりを通して，学び，成長していく。生活で出会うあらゆる場が，「**学びの環境**」だともいえる。学びの環境には，ダイナミックな性質がある。たとえば特定の教室空間において，特定の教師と子どもたちが相互にかかわり合うことによって，一人ひとりの行為がその都度ユニークに生み出され，それらの行為を新たな環境の要素として含み込みながら環境そのものも変わっていく。本章ではこうした学びはどのような枠組みから捉えることができるのかを確認する。また，今日の学習理論や教育施策にも影響を及ぼしている社会文化的理論の視点に触れながら，アクティブラーニングの考え方もおさえていく。

1 個人差に応じた指導

1-1 個人差の捉え方

たとえ同じことを教室で学んでいたとしても，一人ひとりの学びへの向かい方には随分と違いがあるようにみえる。たとえば英語の学習には興味があるけれど，物理の学習には価値を見出せない人もいる。国語が得意な人もいれば，数学が得意な人もいるだろう。このような，学ぶ内容に対する興味の有無や価値観，得意不得意など，学びの成立に影響を与える個人差要因は**適性**（aptitude）と呼ばれる（Snow, Corno, & Jackson, 1996）。

一人ひとりの適性を含めたうえで，教育を通じたはたらきかけの方向性につ

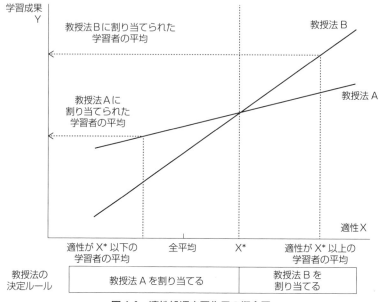

図 4-1　適性処遇交互作用の概念図
（出所）Cronbach & Snow（1977）

いて考える必要がある。それは，教育の効果はすべての学習者に一様に見られることはまれであり，たとえ同じ指導や教授を行っても，必ずといってよいほど個人差が生じるという点に留意する，ということである。つまり，効果があるとされる指導や教授法も，様々な状況に応じてその効果は大きく異なる可能性があるのであり，学習者の性質によって教授法の効果が異なるという現象がつねにありうるということである。このことを**適性処遇交互作用**（Aptitude Treatment Interaction：ATI）と呼ぶ。ATI は，以下のように説明される。

図 4-1 のように，教授法Ａと教授法Ｂそれぞれに割り当てられた学習者の**学習成果**の平均を比較すると，教授法Ａの方が高い。また，適性が X* 以上の学習者と X* 以下の学習者の学習成果を比較すると，適性 X* 以上の学習者の方が高い。

しかし，適性 X* 以下の学習者においては教授法Ａに割り当てられた者の方が学習成果は高く，適性 X* 以上の学習者においては教授法Ｂに割り当てられ

た者の方が学習成果は高い。このような現象がATIである。

そして，適性X^*以下の学習者にとっては教授法Aの方が，適性X^*以上の学習者にとっては教授法Bの方が適合的であるということがわかる。そのため，どちらか一方だけの教授法ですべての学習者を教えるよりも，2本の直線の交点を境に教授法を切り替えることで，多くの学習者の学習成果を高めることができると考えられるわけである。

1-2 学びの個別化

以上の個人差の捉え方を踏まえつつ，学習者の性質に合わせて，教授法を切り替えることは「**教育の最適化**」（並木，1997）と呼ばれる。この教育の最適化の考え方に照らせば，**個人差に応じた指導**という観点を持ち合わせることが重要ということになる。もちろん，たんに学習者の適性の個人差に合わせた教育環境だけを用意すればよいというわけではない。ある適性そのものの変化や発達を考慮に入れたかたちで，よりよい学習に導き，はたらきかけようとする姿勢が重要であろう。つまり，一人ひとりのよりよい学習へのはたらきかけについては，教育環境や個人差そのものが変化することまでを加味して考えていく必要があるということである。

たとえば篠ヶ谷（2008）は中学生を対象として歴史の実験授業を行い，個に応じた指導のあり方を検討している。この研究ではまず，実験授業を開始する前に，「歴史の勉強では知識同士のつながりを理解することが大切だ」などの質問項目を用いて，参加者の**意味理解志向**を測定した。意味理解志向とは学ぶに際して知識の関連の理解を重視する姿勢をさし，歴史学習を，因果関係を理解するものと捉える傾向のことをいう。

実験では，参加者は三つの条件に無作為に割り当てられた。三つの条件とは，毎回の解説授業を受ける前に，その日扱われる内容について，教科書を5分間読む群（予習群），解説授業後に5分間教科書を読む群（復習群），解説授業前に教科書を読んだうえで，「なぜ」で始まる質問を作る群（質問生成予習群）である。参加者は条件ごとに4回の授業を受けた後，授業内容の理解度を問う2

種類のテストを受けた。一つは「単語再生テスト」であり，もう一つは教科書に記述されていない史実の背景因果について説明させる「因果説明テスト」である。また学習者が，授業者が指定した重要な情報を解説授業中にどの程度メモしたかについても注目した。このような条件のもとで，学習者の保持する学習への観方（**学習観**）に応じた指導の効用を探っていった。その結果，予習をした2群（予習群・質問生成予習群）では意味理解志向が高い学習者ほど解説授業中に重要な情報のメモを多く取り，それが因果説明テスト得点を高めることが示されたが，復習群ではこうした因果説明テスト得点への影響は認められなかった。こうした点について，意味理解志向の高い学習者は，予習で得た知識を活用してその背景因果に注意を向けたために，そのようなメモを書き込み，理解が深まったものと考察されている。それに対して，意味理解志向の低い学習者は予習で得られる知識の背景因果に対して注意が向かなかったために，そうしたメモをとることができず，理解が深まらなかったものと推察されている。一方，復習群ではすぐに解説授業を受けるため，意味理解志向が高い学習者であっても背景因果にまで注意を向けることができず，理解が深まらなかったものと考察されている。このように，学習観によってその効果に個人差が生じてしまうことが明らかにされたといえる。普段の学習状況に関係し，ひいては学習者の適性の発達にも影響を及ぼす家庭学習の指導を行う際にも，こうしたATIの視点を取り入れることは重要であることが示唆される。

　つまり，個に応じた指導，個人差に応じた指導という視点は，以上のような結果を踏まえれば，必然的に出てくる子どもの様々な学習状況の差異に対し，いかなる側面に注目し，対応していくのかという議論にかかわって，教育目標を実現する上で具体的にどのようなアプローチが求められるのかを深く考える契機になりうることがわかる。

1-3　教師の指導性

　教師の指導が変われば，子どもたちへの教育効果も変化する（Brophy & Good, 1974）。このことは，教師の指導性の問題に大きくかかわる。たとえば，

表4-1　少人数授業と従来型授業の個別指導の様子

	調査を行った授業の平均クラスサイズ（人）	個別指導の授業形態に費やされた平均時間（分）	教師が1人の子どもに直接個別で指導を行った平均時間（秒）
少人数授業	15.35	16.2	21.18
従来型授業	32	15.3	6.33

（注）授業時間は45分
（出所）西口（2003）

　教師がクラス内の子どもの一人であるAさんに対し，指導を意図的に変えることを意識すると，別のクラスメイトのBさん，Cさんに対しても，同じような指導を意識するようになるということが生じる。こうした効果を**波及効果**と呼ぶ。

　指導の変化に伴う教育効果に着目した浜名・松本（1993）の研究では，小学校高学年のクラス担任教師に対し，共感的で受容的な態度を反映した指導行動の変化を求めたクラスとまったく求めなかったクラスとの比較を通して，学級への適応感の違いについて質問紙を用いて明らかにしている。その結果，指導の変化を求めたクラスにおいては学級への適応感が肯定的な変化をみせ，また子どもに対するクラスメイトからの受容の程度も同様に肯定的に変化していることを示した。指導環境とその変化を環境づくりに含めて考えれば，新たな教育的取り組みの導入に伴う，教室環境の変化自体が，子どもたちに大きな影響を与えうる，という点を考慮することが重要である。

　このことについて，国内の各地の学校で進められている**少人数授業**の実践を例にとって考えよう。これは，教室の子どもの人数を，これまでより少なくするという変化により，教育の質を高めようとする趣旨によって取り組まれているものと理解される。西口（2003）は，小学校4年生における算数の少人数授業と，少人数授業のおよそ2倍にあたる人数の従来型のクラスサイズの授業への観察調査によって，教室環境としての授業形態にあわせた指導の変化にまつわる効果について検討している。その結果，表4-1の通り，従来型授業と少人数授業では個別指導にあてられた平均時間が45分中15分程度である点では違いはなかった。しかし，この15分程度の時間の中で，従来型授業では，教師が一

人の子どもに直接個別で指導を行ったのは約6秒であったのに対し，少人数授業ではそれが約21秒であった。つまり単純に考えればクラスサイズの人数比に応じて約2倍であると考えられるが，実際には約3倍もの時間が費やされていたわけである。

その理由として，そもそも従来型授業では全員と直接個別にかかわる時間的余裕がないことから，どの児童と直接に個別的なかかわりが必要であるかの「見極め」の時間が必要であったのに対し，少人数授業という教室環境においては，どの子どもにかかわる必要があるのかという「見極め」は不要であったと考察されている。少人数授業という教室環境において，個別指導という指導形態をとることで，その効果は十分に発揮されるものと考えられるということである。

すなわち，たとえ制度的に環境が変わったとしても，その環境変化をより効果的に生かすためには，指導の形態をいかなるものへと変えていくのかの吟味が重要になるといえる。

2　社会文化的理論

2-1　記号に媒介された学び

慣れ親しんでいる特定の教育環境により，経験の有無や頻度，経験間の関連性は異なり，それが結果として学びの個人差をつくりだす。教育環境は，コミュニティがもつ規範や期待，作法，特別の技能や知識を要求する慣習的諸行為の秩序などによって規定される。その意味では学校教育というのも一つの「社会」なのであり，それは適性を含めた子どもの全般的な発達を促すというよりも，むしろ時代的な背景（たとえば，近代学校と近代工業化社会）において要請されるような，特定の思考の仕方の発達を促すという側面もある。図4-2のように，学校の教育環境も社会的な性格を帯びざるを得ない（Cole, 1996　天野訳 2002）。

こうした考え方の源流には，ヴィゴツキー（Vygotsky, L. S.）による認知発達

第 4 章　学びの環境

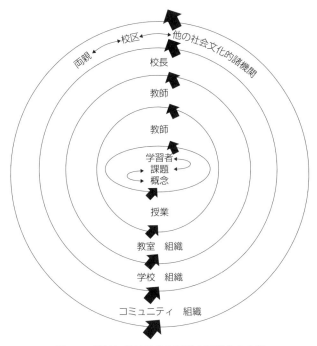

図 4-2　学校における教育活動の組織化の文脈
（出所）Cole（1996 天野訳 2002）

の**社会文化的理論**がある。社会文化的理論では，私たちは対象と直接的に対峙するのではなく，**心理的道具（記号）**を媒介して対象と対峙すると考える。たとえば，物体としての椅子はどのように認識してもいいはずであるが，それを見たときに明らかに椅子という心理的道具としての記号が立ち現れ，それゆえ私たちの椅子に対する接し方はこの記号によって決まってくると考えるわけである。図 4-3 に示す**ヴィゴツキーの三角形**は，このような考え方を簡潔に表現している（Vygotsky, 1978）。認知発達を促す行為も，図 4-3 にあるように，A―X―B（それぞれ主体―記号―対象）が相互にかかわり合うことで構成されることになり，記号の媒介を通した使用過程として表現される。社会文化的理論では，これらのつながりの内実を詳しく把握することに関心が向けられる。たとえば，先述した個人差に応じた指導という行為も，それ自体が環境との相互

第Ⅱ部　教育心理学

図4-3　ヴィゴツキーの三角形
(出所) Vygotsky (1978) を一部改変

作用を通して行為を方向づけていく記号を介し，組み立てられてた営為であると理解される。つながりは「社会的」な相互作用として現れ，記号の生じ方それ自体が「文化的」であるので，それゆえ学びは社会文化的なのだと解釈されるわけである。

　そして社会文化的理論は，その行為の方向づけに際し，「大人」の手助けを得ながら互いにかかわり合う社会的相互交渉によって認知能力も発達すると考える。たとえばヴィゴツキーは，問題解決活動において他者の援助がなくても問題解決ができる水準と，他者の援助によって問題解決ができる水準があると考えた。ここでの他者の援助は，当人にとってちょうど次なる問題解決のための「足場」とみなせる。そして，これら二つの水準の間を**発達の最近接領域**と呼んだ。この発達の最近接領域に教育がはたらきかけることによって，他者の援助がなくても問題解決ができる水準が拡がり，さらに発達の最近接領域が拡張すると考えられる。

　発達の最近接領域は，社会文化的な視点から教育環境をどう設えるかを検討するうえで重要な概念である。たとえば，科学的概念の形成に通じる教科的な学びにおいて，教科を通じて学ぶ概念を自身の道具として自覚的に使用し得るまでに至るのも，この最近接発達領域を通じたプロセスから捉えられる。

　社会文化的理論の基本的なアイディアにもとづけば，学びの文脈や状況がいかにダイナミックに構成されているのかが焦点となる。とりわけ社会的相互作用のプロセスに学びの成り立ちを求め，時々刻々と展開していく相互作用のダイナミズムに注目をして接近するアプローチを**社会文化的アプローチ**と呼ぶ

(Wertsch, 1991 田島・佐藤・茂呂・上村訳 1995)。社会文化的アプローチからすれば，学びは個人の「頭の中」で生じるというよりも，むしろ様々な道具を介した社会的・文化的なコンテキストに埋め込まれているプロセスそのものとみなされる。

2-2 状況的学習論

個体と環境とのかかわり方の変化そのものを学びのプロセスとして捉える立場からすれば，それを理解するためには社会文化的な視点が不可欠である。社会文化的理論に強く影響を受けた**状況的学習論**（Lave & Wenger, 1991 佐伯訳 1993）では，学びは個人の内部での変化としてではなく，学習をコミュニティとの関係の変化としてみる。よって，多様な道具とのかかわりを通じての，そのコミュニティへの参加（あるいは非参加）を通した，アイデンティティ形成の過程までを視野に入れて学びを捉えていく。そのための概念が，レイヴとヴェンガーが提唱した**正統的周辺参加**（Legitimate Peripheral Participation：LPP）である（本シリーズ第8巻『学習・言語心理学』第5章も参照）。

レイヴらは，LPPとはすでに正統性を持った参加の一つの形態なのであり，共同体の中心的な活動の周辺に位置する活動に少しずつ携わるプロセスなのだ，という。たとえば，没頭して取り組めるような活動（理想とする先輩や上司との協同作業，学校で夢中になれる部活・サークル活動，愛着のある地元主催の行事への関与など）についてどれか一つでも思い出してみるとき，そこには追求していくべき世界の広がりの実感とそれへの参加意識が芽生えているということが予感されるだろう。その活動での取り組みにおいて，最初はごく身近で単純な作業（周辺に位置する活動）へのかかわりしか成し得なかったとしても，やがて一つひとつの作業は熟練した実践（共同体の中心的な活動）へとどこかで必然性をもってつながっていることが実感されてくる。このような参加のプロセスそれ自体が，LPPを通した学びであるということができる。LPPの最中において人は，「**ほんもの性**（authenticity）」（Brown, Collins, & Duguid, 1989）の備わった活動を通して，やがて共同体の中での自己の活動を実現し，一人前の成

員となっていく。さらに，そうしたほんもの性を認識する成員が多いほど，その文化は世代交代によっても再生産される。自分自身もやがては「あのようにやりたい」，「あんなふうになりたい」といった志向を持っているとき，人はすでに正統性を持って活動に参加している，という。こうした学びは，なぜ，何を目指して，どこへ向かおうとしているのか，という「**参加**」にかかわる問いをつねにはらんでいる（田中・前田・山田，2010）。

2-3　参加としての学び

社会文化的アプローチの観点からすると，学校の教室環境において進行する学びは社会的相互作用の実践として実現するという点を踏まえないと，その様相を捉え損なってしまう。グラノット（Granott, 1993）は，社会的相互作用における学習状況を図4-4のように特徴づけて整理している。

図の縦軸は認知的熟達度の程度（同程度・多少の開き・明確な上下関係）を示し，一方横軸はペアを組むメンバー間の協同性の程度（低・中・高）をそれぞれ示す。社会的相互作用の学習状況は，協同性がもっとも高い場合，集団の成

図 4-4　社会的相互作用における学習状況

（出所）Granott（1993）（一部改変）

員がその集団に与えられた目的達成のために同一の課題に向けてはたらきかけを行っている点では共通しているが，成員間の認知的熟達度の違いの程度に応じて，「足場かけ」「非対称的な協同」「互恵的な相互作用」というように，イニシアチブやリーダーシップの取り方が異なっている。一方，知識が同程度の成員同士の相互作用状況であったとしても，成員間の協同性の程度によっては「並行的な活動」「対称的なかかわり」「互恵的な相互作用」と変化する可能性も示唆している。このような社会的な相互作用のダイナミクスに着目することによって，学びの環境それ自体の文脈や状況がいかに構成されていくのかが検討される。

近年の社会文化的理論においては，学びの社会的な**相互作用**のダイナミクスそれ自体に注目が集まっている。たとえば新原（2017）は，小学校において行われたワークショップ型「音楽アウトリーチ」活動における音楽家の能動的・即興的な教授行為の機能について，音楽家と子どもとの間の対話を整理することで検討している。何かしらの正解やゴールに至る，あるいは技術を上達させるといったような相互行為のみならず，多様性を増大させていくような対話の組織化がみられる過程で，他の子どもとの回答の異同にかかわらず即興的にふるまうというプロセスの展開を見出している。様々な指導にみられる一方向性の支援のみならず，学びの環境の変化を視野に入れた，環境それ自体を創り出す学びが，参加としての学びの実質を成すのである。

3　アクティブラーニング

3-1　アクティブラーニングの視点

社会文化的な視点で学びを捉える考え方は，教授学習研究のみならず，今日の教育施策にも大きく反映されている。たとえば今日では，社会的相互作用としての対話を学びに組み込んでいく**アクティブラーニング**（Active Learning：AL）の実現が要請されている（第3章も参照）。もともと大学教育の文脈で語られることが多かったこの概念が，いまでは小学校や中学校など様々な学校種

に行き渡り，その導入が求められている。中央教育審議会答申「幼稚園，小学校，中学校，高等学校及び特別支援学校の学習指導要領等の改善及び必要な方策等について」は，子どもたちの**主体的・対話的で深い学び**の実現を謳い，そのために共有すべき授業改善の視点として AL を位置づけている（中央教育審議会，2016）。とくに「対話的な学び」への言及は，今日の学習研究においての社会的な相互作用過程を具体的に実現する方途として理解される。たとえば対話的な学びの具体的な内容については，「身に付けた知識や技能を定着させるとともに，物事の多面的で深い理解に至るためには，多様な表現を通じて，教職員と子供や，子供同士が対話し，それによって思考を広げ深めていくことが求められる」（中央教育審議会，2016，p.50）と整理されている。つまり，教室の学びが「対話的」という要素を備え，他者との社会的な相互作用を基礎にしたものであることが明確に打ち出されていることがわかる。

3-2 アクティブラーニングの方法

　AL の実践やそのあり方をめぐっては教授・学習・認知との関連で数多くの論考がある。溝上（2014）によれば AL という概念は，**教授学習パラダイム**の転換という文脈の中で時代的意味を持つという。まず，教師主導の一方向的な講義が促進してしまう受動的な学びを改善するために開発・実践された，授業方法を AL と呼ぶ段階があった。次に，学習者の能動性が喚起され，学習活動の比重が教授活動の比重よりも大きくなり，主体的な学びが前提となった授業を学習者中心の AL とした段階に至った。

　さらに，AL を捉える際のもう一つの軸が，**学習成果**の捉え方である。学習における基礎知識の定着を意図した AL か，あるいは AL を取り入れることで知識活用を見込んで新たな知識の構成・創造までをねらって展開するものであるか，AL といっても目指す学習成果が異なる点を考慮に入れるならば一様に捉えることはできない。どのような学びの環境を想定するかによって，導入される AL のあり方も変わる。

　以上の見方から，図 4-5 に示すように AL は四つのタイプに分類できる（関

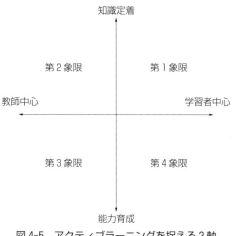

図4-5 アクティブラーニングを捉える2軸
(出所) 関田 (2017)

田, 2017)。たとえば, 授業時に AL の展開を試みたとしても知識定着を促すことをねらいとするものと能力育成をねらったものが考えられる。前者は第1象限から第2象限に向かう学習が意図されており, 後者は第3象限から第4象限に向かう学習が意識されていることがわかる。また第2象限から第3象限へ, さらに第4象限へと向かう学びの展開には, たとえば**総合的な学習**にみられる AL が位置づけられる。また第2象限から第4象限へと向かう学びの展開としては足場かけをねらった AL が考えられる。このように学びの文脈に目配せし, 環境とのかかわりをいかに捉えるかを考慮することで, AL は整理できる。

3-3 アクティブラーニングのデザイン

教育施策においては, AL は学習者の学び方に言及する概念ではあるが, このことはその必然の帰結として, 同時に学びの環境づくりのあり方も視野に入れて考えざるを得ないことになる。特定の手法を導入すれば AL であるとする単純な話ではなく, AL の実践も教育環境を含む包括的な観点から検討されることが不可欠なのである。他者や社会的環境とかかわりながら, ものごとを意味づけようとしたり, 何かを実践したり, 特定のコミュニティで活動したり,

自分を成長させようとしたりすることも，学びとして位置づけられるからである。

　学習理論の今日的な流れと，さらに社会文化的理論や状況的学習論の視点を少しでも鑑みるならば，ALはたんなる教授学習のための手法に還元されるものであるというよりはむしろ，学びそれ自体をどう構成するのかの工夫を求めるものだといえる。他者の視点をくぐり，環境との相互作用そのものを学習過程の成立と捉えるALは，社会文化的な視点から読み直せば，相互作用のダイナミクスを活用した学びの環境づくりのスローガンであると理解される。

> ❖考えてみよう
> 　公認心理師科目におけるアクティブラーニングの経験をふりかえってみよう。「主体的・対話的で深い学び」をどのように達成しているだろうか。また，部活動・サークル活動・ボランティア・アルバイトなどの経験をふりかえり，正統的周辺参加の観点から，どのような学びがあったかを考えてみよう。

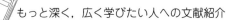 もっと深く，広く学びたい人への文献紹介

　プリッチャード，A.・ウーラード，J.　田中　俊也（訳）(2017)．アクティブラーニングのための心理学――教室実践を支える構成主義と社会的学習理論――　北大路書房
　　☞今日までに至る学習理論の歴史的な流れをコンパクトにカバーした上で，社会文化的視点をおさえながら学校教育における実践とそのあり方が初学者にもわかりやすいかたちで具体的に論じられた著書。
　レイブ，J.・ウェンガー，E.　佐伯　胖（訳）(1993)．状況に埋め込まれた学習――正統的周辺参加――　産業図書
　　☞社会文化的な視点から学びの環境を考えるための理論的な著書。この分野の初学者にとって理論的背景の読み解きに困難さをおぼえることが予想されるものの，教育環境のあり方に再考を迫り，学びそれ自体のダイナミクスを深く議論するのに最適な一冊。

引用文献

Brophy, J. E., & Good, T. L. (1974). *Teacher-student relationships: Causes and consequences*. New York: Holt, Rinehart and Winston.

Brown, J. S., Collins, A., & Duguid, P. (1989). Situated cognition and the culture of

learning. *Educational Researcher, 18*(1), 32-42.
中央教育審議会（2016）．幼稚園，小学校，中学校，高等学校及び特別支援学校の学習指導要領等の改善及び必要な方策等について（答申）
Cole, M. (1996). *Cultural psychology: A once and future discipline*. Cambridge, MA: Harvard University Press.
　（コール，M.　天野　清（訳）（2002）．文化心理学――発達，認知，活動への文化-歴史的アプローチ――　新曜社）
Cronbach, L. J., & Snow, R. E. (1977). *Aptitudes and instructional methods: A handbook for research on interactions*. Oxford, England: Irvington.
Granott, N. (1993). Patterns of interaction in the co-construction of knowledge: Separate minds, joint effort, and weird creatures. In R. H. Wozniak & K. W. Fischer (Eds.), *The Jean Piaget symposium series. Development in context: Acting and thinking in specific environments* (pp. 183-207). Hillsdale, NJ, US: Lawrence Erlbaum Associates, Inc.
浜名　外喜男・松本　昌弘（1993）．学級における教師行動の変化が児童の学級適応に与える影響　実験社会心理学研究，*33*，101-110.
Lave, J., & Wenger, E. (1991). *Situated learning: Legitimate peripheral participation*. Cambridge University Press.
　（レイブ，J.・ウェンガー，E.　佐伯　胖（訳）（1993）．状況に埋め込まれた学習――正統的周辺参加――　産業図書）
溝上　慎一（2014）．アクティブラーニングと教授学習パラダイムの転換　東信堂
並木　博（1977）．個性と教育環境の交互作用――教育心理学の課題――　培風館
西口　利文（2003）．少人数授業の学習指導過程の特徴　杉江　修治（編著）子どもの学びを育てる少人数授業――犬山市の提案――（pp. 145-157）明治図書出版
関田　一彦（2017）．アクティブラーニングとしての協同学習　教育心理学年報，*56*，158-164.
新原　将義（2017）．ワークショップ型授業における教授・学習活動の対話的展開過程　教育心理学研究，*65*(1)，120-131.
篠ケ谷　圭太（2008）．予習が授業理解に与える影響とそのプロセスの検討――学習観の個人差に注目して――　教育心理学研究，*56*(2)，256-267.
Snow, R. E., Corno, L., & Jackson, D. III (1996). Individual differences in affective and conative functions. In D. C. Berliner & R. C. Calfee (Eds.), *Handbook of educational psychology* (pp. 243-310). New York: Macmillan Library Reference USA.
田中　俊也・前田　智香子・山田　嘉徳（2010）．学びを動機づける「正統性」の認知――参加としての学びの基本構造――　関西大学心理学研究，*1*，1-8.

Vygotsky, L. (1978). *Mind in society: The development of higher psychological processes.* Cambridge, MA: Harvard University Press.

Wertsch, J. V. (1991). *Voices of the mind: A sociocultural approach to mediated action.* Cambridge, MA: Harvard University Press.
(ワーチ,J. V.・田島 信元・佐藤 公治・茂呂 雄二・上村 佳世子(訳)(1995). 心の声——媒介された行為への社会文化的アプローチ—— 福村出版)

第5章　学校の集団と人間関係
——みんなが楽しく過ごせる学級を目指して

谷口 弘一

> 本章では，学校の集団と人間関係に焦点を当てる。学校の集団で中心となるのは，学級集団と教師集団である。学級集団は，クラスそのものが一つのフォーマルな集団であると同時に，その集団内には，友人関係に代表される大小様々なインフォーマルな集団が存在する。学級集団がもつ学級風土（学級の雰囲気）と学級内の人間関係（とりわけ友人関係）は，児童生徒の学業，生活，健康面に影響を与える。また，教師集団ならびに教師同士の人間関係は，学校組織風土（学校全体の雰囲気）や教師自身のメンタルヘルスに大きな影響を及ぼす。したがって，スクールカウンセラー等として教育現場で働く公認心理師は，学校の集団と人間関係について正しい心理学的知識を身につけた上で，児童生徒の不適応行動や教師のバーンアウトなどに適切に対処する必要がある。

1　友人関係

　児童期から青年期にかけて，人は，身体的成長，社会的役割の変化，家庭から学校への生活環境の移行といった様々な発達的課題に直面する。そうした状況の中で，その人を取り巻く友人関係や恋愛関係など，家族以外の親密な他者との関係が，当該個人の社会的・情緒的発達ならびに心理社会的適応に対して，強い影響力をもつようになる。本節では，児童生徒の**友人関係**を取り上げ，その発達的特徴，肯定的側面，否定的側面について詳しく見ていくことにする。

1-1 友人関係の発達的特徴

青年期における同性の友人とのつきあい方は，大きく分けて表5-1のように六つに分類される（落合・佐藤，1996）。

これら六つのつきあい方の発達的変化については，年齢が上がるにつれて，「積極的に相互理解を求めるつきあい方」，「被愛願望的なつきあい方」が増加する一方で，「同調的なつきあい方」，「全方向的なつきあい方」，「防衛的なつきあい方」が減少する（図5-1）。すなわち，青年期における友人とのつきあい方は，友人に対して本音を出さず，自分を抑えて相手に合わせ，誰とでも仲良くするようなつきあい方から，傷つくことを恐れず，本来の自分を見せ合うことで，お互いに理解し合い，その結果として，誰からも好かれることを望むようなつきあい方に変化する。

落合・佐藤（1996）は，さらに，上記六つのつきあい方が，「関係の深さ」

表5-1　友人とのつきあい方

つきあい方	項目例
防衛的なつきあい方	友だちとは本音で話さないほうが無難だ
全方向的なつきあい方	どんな友だちとも仲良くしていたい
自分に自信をもったつきあい方	友達と意見が対立しても，自信を無くさないで話し合える
積極的に相互理解を求めるつきあい方	友だちと分かり合おうとして傷ついても仕方ない
同調的なつきあい方	みんなと何でも同じでいたい
被愛願望的なつきあい方	みんなから愛されていたい

（出所）落合・佐藤（1996）

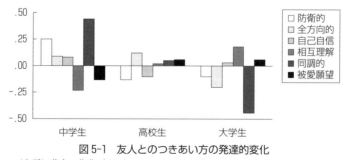

図5-1　友人とのつきあい方の発達的変化

（出所）落合・佐藤（1996）

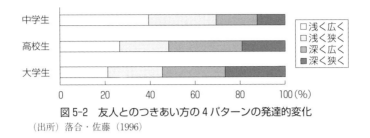

図5-2　友人とのつきあい方の4パターンの発達的変化
（出所）落合・佐藤（1996）

と「関係の広さ」という二つの次元に集約可能であること，それら2次元によって，友人とのつきあい方が，四つのパターンに類型化可能であることを明らかにしている。そのパターンとは，①浅く広くかかわるつきあい方，②浅く狭くかかわるつきあい方，③深く広くかかわるつきあい方，④深く狭くかかわるつきあい方の四つである。これら四つのパターンは，年齢の上昇にともなって，「浅く広くかかわるつきあい方」から「深く広くかかわるつきあい方」を経て，「深く狭くかかわるつきあい方」へと変化する（図5-2）。つまり，青年期における友人とのつきあい方は，最初に，「関係の深さ」の次元において，浅いつきあい方から深いつきあい方へ変化し，続いて，「関係の広さ」の次元において，広いつきあい方から狭いつきあい方へと変化する。

1-2　友人関係の肯定的側面

友人関係の肯定的側面については，何か困ったときに友人に助けてもらえるということが挙げられる。心理学では，友人など周囲の重要な他者からの援助に対する認知，あるいは，実際に受け取る援助のことを**ソーシャルサポート**という。より具体的には，自分が困難な状況にあるときに，周囲の重要な他者が相談にのってくれたり，必要な物品・情報を与えてくれたり，適切な評価を与えてくれたりするだろうという主観的認知，あるいは，そうした援助を実際に受け取ることである。

尾見（1999）によると，小学生，中学生，高校生と年齢が上がるにつれて，友人から受け取るサポートは多くなる。また，女子の方が男子より，友人から

多くのサポートを受け取っている。

　サポートと精神的健康との関連については，小学生では，父親・母親から期待されるサポートが，ストレス反応に対してもっとも強い影響を与える（嶋田・岡安・戸ヶ崎・坂野・浅井，1993）。中学生では，友人から期待されるサポートは，父親・母親・きょうだいなど家族から期待されるサポートと比較すると，ストレス反応に対する低減効果が低い（岡安・嶋田・坂野，1993）。高校生では，友人から期待されるサポートよりも，家族から期待されるサポートが抑うつと関連をもつ（嶋，1994）。すなわち，小・中・高校生では，精神的健康を維持する上で，友人よりも家族が，重要な役割を担っているといえる。

1-3　友人関係の否定的側面

　友人関係の否定的側面としては，友人関係で生じる**対人ストレス**（橋本，2006）が挙げられる。対人ストレスとは，日常生活で経験するいやな出来事の中で，対人関係が原因となっているものである。対人ストレスは，**対人葛藤**，**対人過失**，**対人摩耗**の三つに分類される。対人葛藤は他者が自分に対してネガティブな態度や行動を示す状況，対人過失は自分に非があって相手に迷惑や不快な思いをさせてしまう状況，対人摩耗は自他ともにネガティブな心情や態度を明確に表出してはいないが，円滑な対人関係を維持するためにあえて意に沿わない行動をしたり，相手に対する期待外れを黙認したりするような状況である。

　友人関係では，小・中・高校生のいずれにおいても，対人摩耗がもっとも頻繁に経験され，次いで，対人過失，最後に対人葛藤が経験されている（橋本・谷口・田中，2005；谷口・橋本・田中，2005，2014）。友人との関係では，けんかや対立をできるだけ避けようとするために，配慮や気疲れを生じさせるような出来事を多く経験するのであろう。友人関係における対人葛藤，対人過失，対人摩耗は，いずれも精神的健康に対して悪影響を及ぼすと同時に，それら3種類の対人ストレスの悪影響は，友人から受け取るサポートの好影響よりも大きい（橋本他，2005；谷口他，2005，2014）。

2　学級集団

　学級集団には，他の社会集団には見られない独自の特徴や機能がいくつか存在する。また，学級風土は，児童生徒の学業面や生活面に対して影響を与える。さらには，そうした学級風土を形成する要因の一つとなっているのが，教師のリーダーシップである。

2-1　学級の特徴と機能

　学級集団には，以下の六つの特徴がある（根本，1989）。第一に，学級集団の目標の大枠が，外部者（教師）によって決定される。第二に，学級集団への所属が強制的であるため，児童生徒は多様な動機と欲求を学級集団にもち込む。第三に，児童生徒はまだ子どもであるため，集団としての活動資源に乏しい。第四に，学級集団内の人数が多いため，組織化に多くの時間を要する。第五に，集団活動期間が長いため，目標達成をめざした合理的な活動だけでなく，基本的な情動（依存，結合，逃走・逃避）の充足をめざした活動も強調される。第六に，児童生徒と比較して能力が高い教師による指導は，児童生徒間の葛藤を迅速に解決し集団生産性を高めるが，児童生徒の自立を妨害する危険性もはらむ。

　学級集団が果たす機能は，以下の四つに分類される（根本，1991）。一つめは，**欲求の充足機能**であり，学級集団は，基本的欲求（所属欲求や依存欲求など）から高次の欲求（自己実現欲求や社会的有用性の欲求など）まで，それぞれの欲求を充足させる機会を与える。二つめは，**発達促進機能**であり，学級集団は，「知識・認識」，「情緒」，「関心・態度」，「社会的スキル」など多様な領域において，児童生徒に発達の機会を与える。三つめは，**診断的機能**であり，学級集団に課された公的組織的要請に反する児童生徒の傾向（社会的スキルや自己統制力の欠如など発達上の問題）が表面化する。四つめは，**矯正機能**であり，たとえば，自己中心的な児童生徒が友人から批判され行動を変えるなど，学級集団には，問題行動を矯正する機能がある。

2-2 学級風土

学級風土とは，学級集団がもっている心理社会的側面の個別的・個性的特徴（いわゆる学級の性格）のことをいう（伊藤・松井，1998）。学級風土は，児童生徒の教科学習と学校精神保健（生徒指導や学校生活への適応）の二つの側面に影響を与える。

伊藤・松井（2001）は，学級風土を多次元的に測定する尺度として，8下位尺度57項目からなる「組織風土質問紙」を作成している（表5-2）。この尺度は，「関係性」，「個人発達と目標志向」，「組織の維持と変化」の3大領域から構成されている。「関係性」領域には，「学級活動への関与」，「生徒間の親しさ」，「自然な自己開示」，「学級内の不和」，「学級への満足感」の五つの下位尺度が，「個人発達と目標志向」領域には，「学習への志向性」の一つの下位尺度が，「組織の維持と変化」領域には，「規律正しさ」，「学級内の公平さ」の二つの下位尺度がそれぞれ含まれている。

この他にも，学級集団の状態をアセスメントできる質問紙として，「楽しい学校生活を送るためのアンケートQ-U」（河村，1998，1999）が挙げられる。Q-Uでは，自分の存在や行動が友人や教師から承認されているか否かを示す「承認得点」と，不適応やいじめ・冷やかしなどを受けているかどうかを示す「被侵害・不適応得点」の二つの得点を用いて，児童生徒を，①学級生活満足

表5-2 組織風土質問紙

領 域	下位尺度	項目例
関係性	学級活動への関与	クラスの活動に多くのエネルギーを注ぐ
	生徒間の親しさ	このクラスはみんな仲が良い
	自然な自己開示	自分たちの気持ちを素直に先生にみせる
	学級内の不和	クラスがバラバラになる雰囲気がある
	学級への満足感	このクラスになって良かったと思っている
個人発達と目標志向	学習への志向性	クラスのみんなは，よく勉強する
組織の維持と変化	規律正しさ	このクラスは，規則を守る
	学級内の公平さ	誰の意見も平等に扱われる

（出所）伊藤・松井（2001）

群，②非承認群，③侵害行為認知群，④学級生活不満足群の四つの群に分類する。学級内の個々人の得点分布などから，学級集団の状態を把握することが可能となっている。

2-3 教師のリーダーシップ

集団には，課題を解決し目標を達成しようとする機能と，集団を維持・存続しようとする機能の二つの機能が存在する（三隅，1984）。**リーダーシップ**とは，集団がもつこうした二つの機能を促進させる行動のことである。すなわち，リーダーシップ行動は，集団の目標達成を促進する**P（Performance）行動**と，集団の維持を促進する**M（Maintenance）行動**の二つに区別される。吉崎（1978）によると，教師のリーダーシップ行動の場合，P行動とは，学級における児童生徒の学習を促進したり，生活指導に関して児童生徒の課題解決を促したり，話し合いが有効かつ効率的に行われるように指導したりする行動のことである。一方，M行動とは，児童生徒に配慮したり，一体感を形成したり，学級で生じた人間関係の不要な緊張を解消し，児童生徒間の相互依存性を高めたりするような行動のことである。

リーダーシップは，P行動とM行動がともに強いPM型，P行動が強いP型，M行動が強いM型，P行動とM行動がともに弱いpm型の四つのタイプに分類される。PM型の教師の学級は，学級雰囲気，学習意欲，規律遵守がもっとも高く，次いで，M型，P型の順となり，もっとも低いのがpm型の教師の学級である（三隅・吉崎・篠原，1977）。

3　教師集団

教師は，上司・同僚，児童生徒，保護者など様々な人と関係をもっている。中でも，**教師集団**は，学校組織風土を形成する上で，大きな役割を果たす。学校組織風土は，同じ職場内にいる教師の行動を規定するが，教師個々人がもつ教育実践に対する価値観や信念は，大なり小なり異なることも事実である。ま

た，教師集団をはじめとした職場の様々な人間関係の中で，教師が心身ともに疲れ果ててしまう状況は，近年，大きな社会問題となっている。

3-1 教師集団の特徴

教師集団は，学級経営や教科指導に関しては，教師の専門的能力にもとづいた独自性が尊重されている一方で，生徒指導に関しては，他教師と足並みを合わせようとする強固な同調性をもった集団である（淵上，2005）。こうした二つの側面をもとに，教師集団は，以下の四つのタイプに分類される（由布，1988）。①学校運営に対する満足度が高く，教師同士の交流も多い「**充実型**」，②学校運営に対する満足度は高いが，教師同士の交流が少ない「**ぬるま湯型**」，③学校運営に対する満足度は低いが，教師同士の交流が多い「**葛藤型**」，④学校運営に対する満足度が低く，教師同士の交流も少ない「**停滞型**」。充実型の教師集団では，熱心に仕事に取り組む教師が多く，教師同士の関係も良好である。ぬるま湯型では，お互いに干渉せず，和やかな雰囲気ではあるが，教師に覇気が感じられず，現状に満足している。葛藤型では，学校運営に対する不満・葛藤・対立があるため，教師同士の交流は多くても，まとまりが見られない。停滞型では，熱心さに欠ける教師が多く，他の教師の手本となるような人物がいない。

3-2 教師の信念

人がもつ思考様式のうち，「しなければならない」，「すべきである」といった言葉で代表される要求・命令・絶対的な考え方のことを**イラショナル・ビリーフ**（irrational belief）とよぶ（Ellis, 1975 國分監訳 1984）。河村・國分（1996）は，小学校教師に共通して見られるイラショナル・ビリーフとして，表5-3に示す五つを見いだしている。

河村・田上（1997）によると，①イラショナル・ビリーフが高い教師の学級では，学級雰囲気や級友関係が良好でなく，学習意欲が低い，②イラショナル・ビリーフが高い教師は，児童を認知する基準や枠組みが狭く，ユーモアに

表5-3 小学校教師に特徴的なイラショナル・ビリーフ

領域	項目例
教師の役割：児童の統制・方向づけ	児童は学級のきまりを守り、他の児童と協調していかなければならない
教師の役割：集団主義	学級経営は、学級集団全体の向上が基本である
学校・学級運営の規則・慣例主義	児童が学校・学級の規則を守る努力をすることは、社会性の育成につながる
恒常的な多忙感	教師の仕事に範囲はなく、勤務時間外でも必要があれば取り組まなければならない
公共的使命感	教職は、社会的に価値のある職業である

（出所）河村・國分（1996）

欠けていて、権威的・管理的なリーダーシップをとる傾向がある、③イラショナル・ビリーフが低い教師は、児童の個を認める広い基準や枠組みをもち、ユーモアが豊富で、バランスのとれたリーダーシップをとる傾向がある。

3-3 教師のメンタルヘルス

2016（平成28）年度公立学校教職員の人事行政状況調査（文部科学省、2017）によると、2016（平成28）年度の病気休職者は7,758人、うち精神疾患による休職者は4,891人（63.0％）であった。精神疾患による休職者数は、2009（平成21）年度に過去最高（5,458人）を記録して以降、若干減少傾向にあったが、2013（平成25）年度に再び増加に転じ、ここ3年間は病気休職者全体数が減少しているにもかかわらず、精神疾患による休職者数の占める割合は年々増加している。教師のメンタルヘルスは、今もなお深刻な状況にあるといえる。こうした状況は、教師の**バーンアウト**（**燃え尽き症候群**）として、以前から問題視されてきた（伊藤、2002）。

バーンアウトとは、長い間、人を援助する仕事に対して、過度に精魂を傾け続けてきた結果、心身が極度に疲労して、感情が枯渇したような状態になり、さらには、他人に対する関心や思いやりをもてなくなり、自分自身や仕事が嫌になることである（Maslach & Jackson, 1981）。

教師のバーンアウトは、個人的要因（年齢や性格など）ならびに環境的要因

第Ⅱ部　教育心理学

（多忙感や人間関係など）によって生じる。たとえば，ベテラン教師より若い教師，必要以上に周りに配慮する傾向がある教師，心の支えとなる人が周囲にいない教師ほど，バーンアウト傾向が高い（伊藤，2000）。

> ❖考えてみよう
> 　40歳の男性の小学校教師が，スクールカウンセラーに相談した。彼は「授業がうまくできないし，クラスの生徒たちとコミュニケーションが取れない。保護者からもクレームを受けている。そのため，最近は食欲もなくよく眠れていない。疲れが取れず，やる気が出ない」という。あなたがスクールカウンセラーなら，まずどのように対応するだろうか，考えてみよう。
> （第1回公認心理師試験（平成30年9月9日実施分）問題・問69を一部改変）

もっと深く，広く学びたい人への文献紹介

浦　光博（1992）．支えあう人と人――ソーシャル・サポートの社会心理学――　安藤　清志・松井　豊（編）　セレクション社会心理学8　サイエンス社
　☞対人関係の肯定的側面であるソーシャル・サポートについて，研究の歴史，内容，課題などが，これ一冊で手に取るようにわかる。

谷口　弘一・福岡　欣治（編）（2006）．対人関係と適応の心理学――ストレス対処の理論と実践――　北大路書房
　☞対人関係の肯定的側面（ソーシャル・サポート）ならびに否定的側面（対人ストレス）と精神的健康との関連について，理論的・実践的な知識を身につけることができる。

引用文献

Ellis, A. (1975). *How to live with a neurotic: At home and at work*. New York: Crown Publishers, Inc.
　（エリス，A.　國分　康孝（監訳）（1984）．神経症とつきあうには　川島書店）
淵上　克義（2005）．学校組織の心理学　日本文化科学社
橋本　剛（2006）．ストレスをもたらす対人関係　谷口　弘一・福岡　欣治（編）　対人関係と適応の心理学――ストレス対処の理論と実践――（pp.1-18）北大路書房
橋本　剛・谷口　弘一・田中　宏二（2005）．児童・生徒におけるサポートと対人ストレス（2）――高校生を対象にした検討――　日本心理学会第69回大会発表論文集，212．

伊藤　亜矢子・松井　仁（1998）．学級風土研究の意義　コミュニティ心理学研究，*2*, 56-66.
伊藤　亜矢子・松井　仁（2001）．学級風土質問紙の作成　教育心理学研究，*49*, 449-457.
伊藤　美奈子（2000）．教師のバーンアウト傾向を規定する諸要因に関する探索的研究──経験年数・教育観タイプに注目して──　教育心理学研究，*48*, 12-20.
伊藤　美奈子（2002）．教師のバーンアウトとそれを取り巻く学校状況　教育と医学，*50*, 239-245.
河村　茂雄（1998）．たのしい学校生活を送るためのアンケート「Ｑ－Ｕ」実施・解釈ハンドブック（小学校編）　図書文化社
河村　茂雄（1999）．たのしい学校生活を送るためのアンケート「Ｑ－Ｕ」実施・解釈ハンドブック（中学校編）　図書文化社
河村　茂雄・國分　康孝（1996）．小学校における教師特有のビリーフについての調査研究　カウンセリング研究，*29*, 44-54.
河村　茂雄・田上　不二夫（1997）．教師の教育実践に関するビリーフの強迫性と児童のスクール・モラールとの関係　教育心理学研究，*45*, 213-219.
Maslach, C., & Jackson, S. E. (1981). The measurement of experienced burnout. *Journal of Occupational Behaviour*, *2*, 99-113.
三隅　二不二（1984）．リーダーシップ行動の科学　改訂版　有斐閣
三隅　二不二・吉崎　静夫・篠原　しのぶ（1977）．教師のリーダーシップ行動測定尺度の作成とその妥当性の研究　教育心理学研究，*25*, 157-166.
文部科学省（2017）．平成28年度公立学校教職員の人事行政状況調査について　Retrieved from http://www.mext.go.jp/a_menu/shotou/jinji/1399577.htm （2018年11月5日）
根本　橘夫（1989）．集団の発達過程に関する心理学的研究──集団の発達段階諸理論の概観──　千葉大学教育学部研究紀要（第１部），*37*, 17-38.
根本　橘夫（1991）．学級集団の規範，発達過程および機能　稲越　孝雄・岩垣　攝・根本　橘夫（編）　学級集団の理解と実践（pp.46-67）　福村出版
落合　良行・佐藤　有耕（1996）．青年期における友達とのつきあい方の発達的変化　教育心理学研究，*44*, 55-65.
岡安　孝弘・嶋田　洋徳・坂野　雄二（1993）．中学生におけるソーシャル・サポートの学校ストレス軽減効果　教育心理学研究，*41*, 302-312.
尾見　康博（1999）．子どもたちのソーシャル・サポート・ネットワークに関する横断的研究　教育心理学研究，*47*, 40-48.
嶋　信宏（1994）．高校生のソーシャル・サポート・ネットワークの測定に関する一研究　健康心理学研究，*7*, 14-25.

嶋田 洋徳・岡安 孝弘・戸ヶ崎 泰子・坂野 雄二・浅井 邦二（1993）．児童のソーシャルサポートとストレス反応の関連　日本健康心理学会第6回大会発表論文集，38．

谷口 弘一・橋本 剛・田中 宏二（2005）．児童・生徒におけるサポートと対人ストレス（1）――中学生を対象にした検討――　日本心理学会第69回大会発表論文集，211．

谷口 弘一・橋本 剛・田中 宏二（2014）．児童・生徒におけるサポートと対人ストレス（3）――小学生を対象にした検討――　日本教育心理学会第56回総会発表論文集，473．

吉崎 静夫（1978）．学級における教師のリーダーシップ行動の自己評定と児童評定の関連に関する研究　教育心理学研究，*26*，32-40．

油布 佐和子（1988）．教員集団の実証的研究――千葉県A市の調査を手掛かりとして――　久冨 善之（編）　教員文化の社会学的研究（pp.147-208）　多賀出版

第Ⅲ部

学校心理学

第6章 不登校
——登校を支える多様な支援

五十嵐哲也

> 不登校は，今なお多くの子どもたちが直面している学校臨床上の大きな課題の一つである。教育・学校領域において，スクールカウンセラー等として働く公認心理師は，家庭における援助資源や，教師・学校組織・医療機関などの校内外における援助資源と連携しながら，不登校児童生徒の学校復帰や精神的健康を促進する支援を行うことが求められている。また，不登校に至らせないための予防的支援について，率先して取り組むことも求められている。そこで，ここでは不登校の法的位置づけとそれにもとづく現状把握を行い，不登校の背景課題について学ぶ。さらに，事例を検討しながら再登校支援の方法を学ぶとともに，予防的支援のあり方を考える。

1 不登校の現状

1-1 不登校とは

義務教育の段階における普通教育に相当する教育の機会の確保等に関する法律（教育機会確保法）において，不登校児童生徒とは，「相当の期間学校を欠席する児童生徒であって，学校における集団の生活に関する心理的な負担その他の事由のために就学が困難である状況として文部科学大臣が定める状況にあると認められるもの」とされている。より具体的には，省令によって，「何らかの心理的，情緒的，身体的若しくは社会的要因又は背景によって，児童生徒が出席しない又はすることができない状況（病気又は経済的理由による場合を除

く。)」と定められた。とくに文部科学省が毎年実施している「児童生徒の問題行動・不登校等生徒指導上の諸課題に関する調査」では，上記の定義に合致する児童生徒について，年度間に30日以上欠席した者を調査している。

なお，文部科学省（2018）によれば，この定義でいう「経済的理由」とは，家計が苦しく児童生徒本人が働かなければ生活が成り立たないなどの状況を指す。また，「病気」とは，児童生徒が心身の病気にかかったり，けがをしたりして，入院や通院・自宅療養が必要となり，長期欠席に至った場合を指す。ただし，たとえ病気があったとしても，加えて心理的な課題を抱えていることも長期欠席の背景として考えられる場合には，不登校児童生徒として支援の対象になる（文部科学省，2017）。

また，不登校児童生徒が，**教育支援センター（適応指導教室）**等の公的施設や**フリースクール**等の民間施設で学習活動を行ったり，ICTを利用した学習活動を行ったりした場合には，一定の要件を満たせば，学校長が指導要録上の出席扱いとすることができることになっている。ただし，この場合は実際には登校していないため，「児童生徒の問題行動・不登校等生徒指導上の諸課題に関する調査」においては欠席日数として含めることになる。一方で，校内の保健室や相談室等で過ごし，教室等で授業を受けていない状態の子どもについては，実際に登校しているため出席日数として含めることになる。

1-2　不登校児童生徒数の推移

このようにして定義された不登校児童生徒は，どれくらいの人数に上るのであろうか。図6-1は，小中学生の不登校児童生徒数の推移を示したものである。

この図を見ると，ここしばらくの間，小中学生の不登校児童生徒数は約13万人前後で推移していることが見て取れるだろう。なお，文部科学省（2018）によれば，出現率は2.2%である。また，在席学校数として考えると，小学校の56.2%，中学校の87.3%の学校で不登校児童生徒が在籍していることが示されている。

さらに，図から明らかであるように，小学生に比べて中学生の不登校生徒が

第6章　不登校

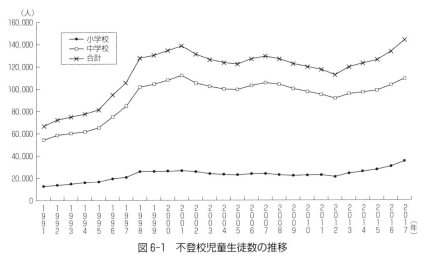

図6-1　不登校児童生徒数の推移
（出所）文部科学省（2018）

一貫して多い状況が続いていることにも注目したい。この状況は，一般的に「中1ギャップ」という現象を示すものであると言われることがある。ただし，国立教育政策研究所生徒指導・進路指導研究センター（2014）によれば，中学校入学後に急激に不登校になる割合は少なく，多くは小学校段階から休みがちな子どもであると認識されていたとされており，早期からの支援の重要性をあらためて指摘できる。

1-3　不登校の多様な様相

　不登校には，多様な要因が関与していると指摘されている。もっとも留意すべき点は，不登校の背景に重篤な課題が存在している場合である。その際，不登校という現象に目を奪われてしまって，その背景課題への対応がおろそかになってしまうことがある。
　たとえば，**統合失調症**や**うつ病**といった精神疾患を発症し，結果として登校が難しい状況になっている子どもがいる。この場合，医療機関での治療や休息などが必要になることが想定され，教室復帰だけが目標とはなり得ないことを理解する必要がある。

加えて、**発達障害**を抱える子どもは、その障害特性によって対人トラブルを抱えやすかったり、授業に集中できなかったりする場合がある。そのため、学校での生活しにくさを感じて不登校に至ることも見受けられる。支援者には、個々の障害特性を理解して**合理的配慮**を行い、子どもの学校生活を整えることが求められる。

　また、**いじめ**被害者にとっては、学級・学校が安全で安心な場所であるという確信がない限り、登校することは容易ではない。支援者は、本人の登校再開を目指す支援を行うよりも前に、いじめ問題の解決に尽力すべきであるのは言うまでもない（第7章も参照）。

　さらに、家庭等でネグレクト等の**児童虐待**の被害者になっており、学校生活の基礎となる食事や衣服等が十分に準備されない、あるいは、放置されて子どもだけで夜を過ごすなどの生活の乱れがあるなどの事態になって、登校できないということもある。この場合には、虐待という問題自体の解決が最優先事項であり、子どもの命を守る行動をしなければならない。

　このように、不登校は多様な重篤課題に付随して生じる可能性がある。しかしながら、他に重篤な課題が見当たらず、不登校が中核的な課題だと考えられる場合もある。この点について、齊藤（2006）は、心理的発達の課題が背景にあることを指摘している。つまり、思春期における心と体の大きな変化にうまく対応できずにつまずきが起こった場合、不登校という形で立ち止まることがあるのだと考えられている。この例として、五十嵐（2015）は、友だち作りが苦手な子どもの例を挙げ、そのような子どもは、小学校まではなんとか登校できていたとしても、中学校では心理的な発達に伴ってそれまで以上に友人関係が重視されることとなり、「周りに取り残された」感覚や「このままではいけない」という焦りなどから登校できなくなるというプロセスがあるのだと解説されている。すなわち、その子なりに抱えている何らかの心の課題があり、それが思春期に至って顕在化あるいは深刻化する中で不登校という形で表面化してくるのだと言えるだろう。

2 不登校に至った子どもの事例

2-1 事例の概要

　ここで取り上げるのは，**スクールカウンセラー**（以下，SC）が**相談室登校**を中心にかかわった小学5年男子Aの架空事例である。

　Aは，幼稚園のころに登園渋りがあり，心配した両親が病院へ行って「**自閉スペクトラム症（自閉症スペクトラム障害）**」（第2章参照）の診断を受けている。小学校に入学後もしばしば欠席し，数週間くらい連続して欠席することもあった。登校したとしても放課後のみ，あるいは1時間の授業のみなどの状況で，一日中教室で過ごすことは稀である。担任がAに事情を聞いた際には，「周りの子どもたちの声がうるさくて疲れてしまう」と言っていたが，担任の教師から見ると，「おとなしいけれどクラスメイトとも楽しそうに話をしているし，とくに変わった様子は認められない」ということだった。そのため，学校は，他にも情緒的な原因があって登校できないのではないかと考え，母親にSCへの来談を勧めた。

　SCがAに話を聞いたところ，Aは音に対して敏感で耳をふさぎたくなるような場面がときどきあるけれども，人から話しかけられるのも得意ではないので，学校ではそれを他の人に知られないように振る舞っているということだった。また，母親に話を聞いたところ，そうしたストレスが家庭で爆発し，毎日のように過去にあった嫌な出来事に関する愚痴を母親へ数時間も話したり，聞いていない様子を見せると泣き叫んだりしているということが明らかとなった。登校できない状況にあるのも，毎朝のようにそうしたやり取りが繰り返され，お互いに疲れ果てて登校を諦めているのだということが述べられた。そこで，SCが「このことを誰かに話したことがありますか」と確認したところ，母親は「父親も協力的ではないため，今まで誰にも相談してこなかった」ということだった。そのためSCは，母親に対し，Aが数か月に一度のペースで通っているという病院の予約を取って，主治医に現状を報告するよう勧めた。

一方で，学校では，**コーディネーション委員会**[1]においてAの現状を共通認識し，学校が医療機関と連携してAの支援方針を検討する必要性が確認された。そこで，SCは，Aおよび保護者の了解を得て主治医に対して学校での支援内容を報告し，主治医から学校での支援に関する留意点を指摘してもらうこととした。そうすると，学校では可能な範囲で騒音を感じにくい席等で過ごさせることや，急に話しかけないように配慮することなどを通して，音への敏感さによる不快感を低減させる必要性が指摘されたため，担任が中心となって席替えを検討した。また，Aだけではなく，他のクラスメイトも心地よく過ごすための方策として，「急に大声を出すのはやめよう」「状況にあった声の大きさを考えよう」などのルールを守って生活するよう，学級で指導していくこととした。さらに，主治医からは，校内での疲労を和らげる場所があるとよいという指摘があり，必要な場合には，養護教諭が保健室で対応することとなった。

　このような学校での体制構築を伝えると，Aと母親は少し安心した様子であった。そこで，SCが出勤している日には数時間，相談室で過ごしてみることを提案したところ，了承された。SCが実際に一緒にいると，Aは相談室で次々にプレイを変えていく様子が見て取れた。それらは，どうやら自分が勝ちたいのに勝てそうになくなったときや，ルールが理解できないときに，「もうこのゲームは飽きちゃったな」などと言い訳をして他のゲームに目を向けるということのようだった。母親に確認すると，家庭では自分の思うとおりにならないときにかんしゃくを起こし，母親に当たり散らすきっかけになっているようでもあった。さらに，そうした母親に対する自分本位な行動は他の場面でも見られ，たとえばお風呂で体を洗わせる，テレビのスイッチを呼びつけて変えさせるなど，母親曰く「まるで王様のよう」にしているということだった。

　そこで，SCは，このような欲求不満場面でうまく**自己コントロール**できるようになることが重要であると考え，登校してから帰宅するまでの学校での過ごし方を，表6-1のように提示した。

➡ 1　コーディネーション委員会：子どもの問題状況を組織的に検討するため設置される校内組織で，生徒指導委員会や教育相談委員会などがある。

第6章 不登校

表6-1 学校での過ごし方

①登校したら	職員室に行って先生に挨拶しよう
②相談室に来たら	登校時間を記録しよう
③記録が終わったら	今日の予定を立てよう
④授業の始まりと終わりには	起立・礼をしよう
⑤相談室から帰るときには	下校時間を記録しよう
⑥学校を出る前には	職員室に行って先生に挨拶しよう

　とくに,「今日の予定」の部分では,今日はどんなプレイをどのくらいの時間までやろうと思うかということを事前に決定させるようにした。それまでは,Aが欲求不満に至った段階で次のプレイへ移行する,ということが繰り返されていたため,Aにも不全感が残っていたと考えられる。しかし,あらかじめ時間を決めることにより,わからないルールをじっくり確認することができるようになったり,「負けちゃって悔しいね」と気持ちを共有したりする余裕が生まれたようにSCは感じていた。そうすると,母親から「何時までこれをするって決めてやると,楽しいことがいっぱいできる,と言うようになりました」「もう少し下校時間を長くするのに挑戦しようかな,と言っています」というような報告がされるようになった。その後は,家庭ではしだいに暴言等が影をひそめるようになったようであり,学校では担任からの働きかけに応じて教室で過ごしてみようとする時間が拡大していくようになった。実際の教室場面では,以前に比べて子どもたちの大声が減り,実際にA自身も過ごしやすいようであった。ただ,ときには苦しくなるときがあるようであり,担任が心配していたが,教師から声をかけなくても自ら保健室を訪れることもあり,自分で自分の状況を把握して適切な対処が取れているように感じられた。

2-2 解　説

　Aは,自閉スペクトラム症(自閉症スペクトラム障害)をきっかけとして,その情緒的な育ちの課題をも抱えて不登校に至った事例であると言うことができる。その支援の実践を図示すると,図6-2のようになるだろう。

第Ⅲ部　学校心理学

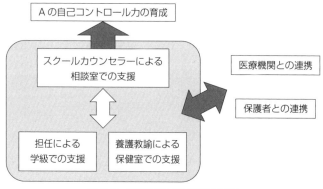

図6-2　事例における支援の状況

　Aの課題は，①自らの**感覚過敏**という特性にもとづくイライラ感をうまくコントロールできないこと，②そのイライラが生じた際の対処として，言葉で周囲に援助を求めるなどの適切な方法が取れていないこと，③イライラの解消法として「母親にあたる」というものを学習し，母親も仕方なく受け入れているために，自分本位な行動を示す領域が拡大していること，が主たるものとして考えられる。このうち，感覚過敏といった特性的な部分は変化が難しく，イライラが生じやすくなっているのはAの生得的な課題であると考えられる。しかし，その対処を適切に行うことによってAの生活はより過ごしやすくなり，ひいては登校を阻害する状況が解消されることが期待された。

　こうした見立ての下に，本事例では，学校への登校や，相談室の利用自体を課題解決の手段として活用し，Aの自己コントロール力の育成を試みた。学校は多くの人が生活している場であることから，自分一人の勝手な考えで動くことはできない。Aの場合，そのような不満を抱えつつ登校し，それを母親にぶつけることで解消しようとしていたけれども，十分にはうまくいかず不登校に至っているという背景が読み取れる。そこで，一定の明確なルールのもとに生活することの大切さや快適さを体験することが重要であると考え，今回の実践に至った。

3 再登校を目指す支援

3-1 子どもへの支援

休み始めたころの子どもは,「休みたいけれど,休んではいけない」という大変な葛藤状態の中で不登校に至っていることが多い。中には,そうした葛藤を「頭が痛い」「お腹が痛い」等の身体症状として訴える子どももいる。これらの苦しみを「ずる休みだ」「仮病だ」と捉えることは,子どもを受容する態度とは言えない。子どもの訴えに耳を傾け,身体面の苦痛をケアする姿勢を示すことが,苦しみの渦に巻き込まれている子どもに安心感を育んでいくこととなる。

そのような安全な環境で過ごせるようになると,子どもは自らの心理的課題に取り組むこともできるようになる。事例では,Aの自己コントロール力の育成が焦点となっていたことが理解できるだろう。しかし,不登校に至った背景や経緯,さらには不登校の維持要因は個々の子どもによって差異があるため,個別カウンセリング等によって課題に向き合っていく必要がある。スクールカウンセラー等として働く公認心理師には,アセスメントとカウンセリングの能力を十分に発揮することが期待される場面であると指摘できる。

なお,高校生や大学生の不登校の場合には,欠席・欠課によって単位取得の問題が生じることから,留年や中途退学の問題に向き合う必要も生じてくる。これらの問題は,今後の人生をどう生きていくかという課題と密接に結びついており,心理的側面だけではなく生活の面をもともに考えていく支援が必要になる場合がある。こうした問題に,本人がどれだけ現実的に向き合っていくことができるかということ自体が,その後の心理社会的適応の良否にかかわってくると言える。

3-2 保護者との連携

我が子が不登校に至った保護者の辛い心情は,想像するに余りある。自らの

子育てを責め，子どもの将来を案じて絶望的な気持ちに陥っている場合も少なくない。まずは，そうした保護者の苦しみをしっかりと受け止め，ともに課題に立ち向かっていく姿勢を共有することから保護者支援は開始される。

不登校についての保護者支援において，**家庭訪問**は特徴的なものであるとも言える。かしま・神田橋（2006）は，家庭訪問では雑談をする程度がちょうどよいということを述べている。学校関係者が家庭訪問を行うことは，家庭にとって緊張感をもたらすものである。しかし，一方で，まったく家庭への連絡がないと，見捨てられた気持ちになるのも事実である。何気ない会話で保護者との信頼関係を築いていくこと，保護者を通じて子どもと学校との距離が縮まっていくことが家庭訪問における支援の目標と言えるだろう。

ただし，中には保護者自身の心理的課題があり，何らかの心理的支援が必要な状態にあると判断される場合もある。スクールカウンセラー等として働く公認心理師としては，勤務する機関の性質や規定，子どもへの影響などの多側面から検討し，保護者自身への支援を誰が・どこで・どのように行うかを決定する必要がある。その際にも，子ども支援の立場からは，いかにして保護者としての機能を保持増進することができるのかという視点を重視することが求められる。

3-3　教師をはじめとする関係者・関係機関との連携

子どもが再登校に至るには，再登校に立ちはだかる様々な壁を乗り越えようとするだけの心的エネルギーの回復が必要になると言える。そして，その回復の際には，子どもから様々なサインが出されるようになる。たとえば，今までやらなかった家での手伝いをやるようになったり，外出するようになったり，学校や友人の様子を気にする発言をするようになったりというものである。これらは意識が自分以外の外界へと向かっている証拠として読み取ることができる。

このような様子を感じ取ると，支援者には，復帰に向けた手立てを準備することが求められてくる。具体的には，相談室や保健室などの別室登校が可能に

なるよう体制を整えたり，教育支援センター（適応指導教室）等の利用を勧めたり，教室復帰を見据えた学級経営を検討したりというものになる。いずれも，校内外の多くの支援者と連携しながら，より有効な手立てを模索していく必要がある。

なお，ここで取り上げた事例のように，不登校に至っている子どもが医療機関に通院している場合もある。**公認心理師法**で定められている通り，主治医がいる場合には，スクールカウンセラー等として働く公認心理師は，本人や保護者の了解の下で主治医から指示を受けて不登校の支援にあたることが求められるのは言うまでもない。また，不登校は，地域の多様な専門機関（たとえば，自治体の**教育相談室**，**児童相談所**，民間のフリースクール等）がかかわっている事例も少なくない。教育機会確保法では，こうした学校外での学習活動の機会を重視する必要性が謳われており，今後は互いに連携する重要性が一層増大すると考えられる。

一方，校内での支援において重要になってくるのは「学習への支援」である。不登校に至った子どもの多くは，復帰直前の段階で，「今さら学校に行っても勉強についていけない」という不安を口にすることが多い。こうした不安を取り除くためには，たとえば別室登校の段階で個別的な学習支援を行うことなども重要な支援になるだろう。その際，「少し頑張ればできる課題」に挑戦させ，「できた」という自信をつけることが大切になる。そのことが教室復帰への後押しとなってくるためである。

4　不登校の予防を目指す支援

4-1　組織的な取り組み

以上のように，不登校の支援は，主に不登校に至った後の子どもたちへの復帰支援が中心的になっていたと言える。しかし，不登校に至らせない「予防的支援」はより重要であり，近年，重視されるようになっている。

中でも，不登校を予防するための体制として，学校全体で組織的に取り組む

重要性が指摘されている。たとえば小林・小野（2005）は，（文部科学省が定めている年間欠席日数ではなく）月間の欠席日数に着目し，それが一定数を超えると状況確認などの支援を開始するという方法を提案している。この実践の背景には，不登校あるいは病気などの特別な理由がない子どもの場合，年間の欠席日数は数日程度であることなどが根拠として挙げられる。この段階でアプローチを始めることによって，欠席日数が重なる前から状況を把握することが可能になり，場合によっては欠席を食い止めることができるという考え方である。

この実践を行うためには，欠席日数に敏感になることの重要性を校内で共通認識しておく必要がある。中には，教育委員会が主導して「月△日の欠席に敏感になろう」という指導を推進している自治体もあり，管轄区域内の学校における不登校出現率を大幅に減少させている例もある（小林，2009）。

また，登校している子どもたちの中で生じている不登校感情にいち早く気づくための取り組みとして，子どもたちが回答するストレス・チェックリストを活用した例も報告されている（三浦，2006；土田・三浦，2011）。校内で子どもの状況を簡便に共通理解できる方法を活用することによって，不登校を予防する有効な手立てとなりうることが指摘されている。

4-2 心理教育的アプローチ

他に不登校予防を目指す方法としては，子どもたちに不登校に至りにくい心理的特性を育成していくような集団心理教育的アプローチが実践されている例もある。たとえば，曽山・本間（2004）は，**グループ・エンカウンター**[2]を不登校傾向生徒に導入する効果について検証を加えている。また，江村・岡安（2003）は，**ソーシャルスキル（社会的スキル）教育**[3]を導入することによって，登校している中学生の中の不登校感情が低減するかを検討している。さらに，

➡ 2　グループ・エンカウンター：エクササイズと呼ばれる体験活動で生じる感情の交流などを通して，自己発見や他者理解を促す心理教育の方法。

➡ 3　ソーシャルスキル（社会的スキル）教育：対人場面を円滑にするような，言語的・非言語的な対人行動の実践などについて学ぶもの。

田上（2017）は，**対人関係ゲーム**[4]を活用することによって，子どもたちの登校意欲を高めて不登校を予防する方法を提唱している。

このように，多くの心理教育的アプローチと不登校予防との関連が指摘されている。しかし，中には直接的な効果が実証されなかったものもある。その理由としては，不登校の成因が複雑なものであり，特定の心理的特性の育成だけでは全ての不登校を防ぎきれないことなどが考えられる。不登校予防に対する心理教育的アプローチの役割は，不登校を発生させにくい心の準備に貢献するものだと考えることができるだろう。

❖ 考えてみよう

中学2年生の男子の母親が，スクールカウンセラーを訪ねた。中学1年生のときは欠席せず部活動もしていたが，2年生の5月の連休過ぎから休みがちとなり，1か月以上欠席している。家での会話は少なく，部屋にこもりがちで表情は乏しいが，食事や睡眠はとれている。学校に行けない理由を聞いても，うるさいと言うだけで，担任からの電話にも出ようとしない。母親は「どう対応していいかわかりません」と話した。あなたがスクールカウンセラーなら，どのように対応するだろうか。本人の心理状態，本人への援助，保護者への対応，学校内での協議それぞれについて考えてみよう。

（第1回公認心理師試験（平成30年9月9日実施分）問題・問70を一部改変）

📖 もっと深く，広く学びたい人への文献紹介

増田 健太郎（編著）（2016）．学校の先生・SCにも知ってほしい不登校の子どもに何が必要か　慶應義塾大学出版会
　☞本書は，不登校の現状をどのように考え支援していけばよいのかを，臨床心理学や精神医学等の立場から解説したものである。教師やスクールカウンセラーだけではなく，保護者も明日の支援に利用できる方法が記載されている。

小澤 美代子（編著）（2006）．タイプ別・段階別 続 上手な登校刺激の与え方　ほんの森出版
　☞本書は，不登校を背景要因や経過からいくつかに分類し，それぞれに応じ

➡ 4　対人関係ゲーム：集団形成や個の尊重を目的とした遊びを通して，人と人との心理的な結びつきをもたらす手法。

た支援法が紹介されている。具体的な事例が記載されており，実際に読者が支援している子どもを想定しながら読み進めることができる。

引用文献

江村 理奈・岡安 孝弘（2003）．中学校における集団社会的スキル教育の実践的研究　教育心理学研究, *51*, 339-350.

五十嵐 哲也（2015）．不登校　庄司 一子（監修）杉本 希映・五十嵐 哲也（編著）　事例から学ぶ児童・生徒への指導と援助（pp. 119-131）　ナカニシヤ出版

かしま えりこ・神田橋 條治（2006）．スクールカウンセリング モデル100例――読み取る。支える。現場の工夫。――　創元社

小林 正幸（監修）（2009）．学校でしかできない不登校支援と未然防止――個別支援シートを用いたサポートシステムの構築――　東洋館出版社

小林 正幸・小野 昌彦（2005）．教師のための不登校サポートマニュアル――不登校ゼロへの挑戦――　明治図書出版

国立教育政策研究所生徒指導・進路指導研究センター（2014）．生徒指導リーフ15「中1ギャップ」の真実　Retrieved from https://www.nier.go.jp/shido/leaf/leaf15.pdf（2019年1月29日閲覧）

三浦 正江（2006）．中学校におけるストレスチェックリストの活用と効果の検討――不登校の予防といった視点から――　教育心理学研究, *54*, 124-134.

文部科学省（2017）．義務教育の段階における普通教育に相当する教育の機会の確保等に関する法律第二条第三号の就学が困難である状況を定める省令について（通知）　Retrieved from http://www.mext.go.jp/a_menu/shotou/seitoshidou/1384619.htm（2019年1月29日閲覧）

文部科学省（2018）．平成29年度児童生徒の問題行動・不登校等生徒指導上の諸課題に関する調査結果について（その2）　Retrieved from http://www.mext.go.jp/b_menu/houdou/30/10/__icsFiles/afieldfile/2018/10/25/1410392_2.pdf（2019年1月29日閲覧）

齊藤 万比古（2006）．不登校の児童・思春期精神医学　金剛出版

曽山 和彦・本間 恵美子（2004）．不登校傾向生徒に及ぼす構成的グループ・エンカウンターの効果――Self-esteem，社会的スキル，ストレス反応の視点から――　秋田大学教育文化学部研究紀要教育科学, *59*, 51-61.

田上 不二夫（2017）．不登校の子どもへのつながりあう登校支援――対人関係ゲームを用いたシステムズ・アプローチ――　金子書房

土田 まつみ・三浦 正江（2011）．小学校におけるストレス・チェックリストの予防的活用――不登校感情の低減を目指して――　カウンセリング研究, *44*, 323-335.

第7章 いじめ
——子どもたちの心を守るために

小倉正義

> 本章では，主に学校でのいじめについて学ぶ。2013年にいじめ防止対策推進法が施行され，学校教育現場ではいじめの予防と介入へのより一層の努力を求められている。当然ではあるが，チームとしての学校（チーム学校）の一員として，スクールカウンセラー等として働く公認心理師もいじめの予防と介入に携わることになる。いじめへの予防や介入に携わるためには，心理教育やカウンセリングなどの専門的な技術や連携協力のためのスキルを磨いておくことはもちろん重要だが，いじめの定義やいじめ防止対策推進法などについての知識も必須である。また，この章を読んであらためて「いじめとは何か」を自身の中で問いかけ，いじめに臨む心構えをつくってほしい。

1 いじめの定義

いじめは，学校だけでなく，職場や施設内など様々な人間関係がある場所で存在すると考えられるが，ここでは，学校を中心に子どもたちの間で起こるいじめに焦点をあてて論じることにする。また，紙面に限りがあるため，わが国におけるいじめの研究や対応を中心に扱う。

1-1 いじめとは何か

「いじめとは何か」，この問いかけはこれまでにも繰り返し行われてきており，様々な議論があるが，なかなか結論を出されるものではない。みなさんはこの

問いかけにどのように応えるだろうか。

この問いかけについて考えるために，次に挙げる行為がいじめかどうかを考えてほしい。
・直接，本人の目の前で悪口をいう
・かげぐちをいう
・ちょっとからかう
・繰り返し暴力をふるう
・面白いニックネームをつける
・届いた LINE のメッセージを無視する

あなたは何項目をいじめと判断しただろうか。多くの項目をいじめとして挙げた人もいるだろうし，いくつかの項目を挙げた人もいれば，「状況による」とした人もいるかもしれない。いずれにせよ，上記の問いについて答えるためには「**いじめの定義**」が必要になる。

いじめの定義はこれまで様々に議論されてきているが，当然のことながら，簡単に結論が出るものではない。ただ，明確な定義をしないまま目の前で起きている出来事がいじめかいじめでないかの議論を続けているだけでは，対応につながらないことはいうまでもない。森田（2010）も述べているように，現実にいじめに対応する場合は目の前に起きている現象がいじめだと判断することから始まる。

1-2 いじめの定義

この点に留意しながら，本章では，文部科学省（当初は文部省）によるいじめの定義の変遷についてみることで，いじめの定義について考えたい。

文部省（当時）(1985) は，いじめを「①自分より弱い者に対して一方的に，②身体的・心理的な攻撃を継続的に加え，③相手が深刻な苦痛を感じているもの。なお，起こった場所は学校の内外を問わない」と定義している。この定義は，「力関係のアンバランスとその乱用」，「被害性の存在」，「継続性ないしは反復性」の三つの要素からなりたっており（森田，2010），文部科学省は，この

定義にもとづいていじめの実態調査を行ってきた。この定義では,「自分より弱い者」や「深刻な苦痛」等で議論が分かれることが予想されるだろう。

時代が流れて,この定義にはいじめの実態を把握するために適当ではない部分があるとの判断から,1994年度と2006年度の調査時に見直しが行われ（文部省,1995；文部科学省,2006),2013年のいじめ防止対策推進法の「児童等に対して,当該児童等が在籍する学校に在籍している等当該児童等と一定の人的関係にある他の児童等が行う心理的又は物理的な影響を与える行為（インターネットを通じて行われるものを含む。）であって,当該行為の対象となった児童等が心身の苦痛を感じているもの」という定義につながる。

いじめ防止対策推進法については後に詳しく述べるが,この法による定義により,少なくともいじめである行為がいじめではないとされる可能性は最小限にされたと感じられる。つまり,「当該行為の対象となった児童等が心身の苦痛を感じている」ことが重視され,この点で先のいじめか否かの議論は随分とシンプルになった。ただし,**生徒指導提要**（文部科学省,2010）で「従来の調査基準にみられる,いじめは力の優位一劣位の関係に基づく力の乱用であり,攻撃が一過性でなく反復継続して行われるという指摘は,いじめの本質を的確に突いて」いると述べており,「力関係のアンバランスとその乱用」,「被害性の存在」,「継続性ないしは反復性」の三つの要素は,いじめへの対応を考えるうえでは忘れてはならない視点である。生徒指導提要については,2022年12月に改訂版が出されているので,合わせて参照されたい。

1-3 いじめ防止対策推進法によるいじめの定義の意味

それでは,**いじめ防止対策推進法**による定義から,先ほど挙げた項目をみると,どうなるだろうか。もし,項目にある行為を受けている者に心理的又は物理的な影響を与えているのであれば,これらの行為はすべて「いじめである」と判断される。

すべての項目が同じいじめとして判断されることに違和感を覚えた方もいるかもしれない。しかしながら,いじめと判断されたことは,項目にある行為が

表7-1 いじめに関する調査等におけるいじめの定義の変遷

	1985年度～1993年度調査	1994年度～2005年度調査	2006年度～2012年度調査	いじめ防止対策推進法
対象	公立小・中・高等学校	公立・小・中・高等学校，公立特殊教育諸学校	国・公・私立小・中・高等学校，国・公・私立特別支援学校	小学校，中学校，高等学校，中等教育学校及び特別支援学校（幼稚部を除く。）
いじめの定義	①自分よりも弱い者に対して，②身体的・心理的な攻撃を継続的に加え，③相手が深刻な苦痛を感じているもの，であって，学校としてその事実（関係児童生徒，いじめの内容等）を確認しているもの。なお，起こった場所は学校の内外を問わない。	①自分より弱い者に対して一方的に，②身体的・心理的な攻撃を継続的に加え，③相手が深刻な苦痛を感じているもの。なお，起こった場所は学校の内外を問わない。なお，個々の行為がいじめに当たるか否かの判断を表面的・形式的に行うことなく，いじめられた児童生徒の立場に立って行うこと。	①一定の人間関係のある者から，②心理的，物理的な攻撃を受けたことにより，③精神的な苦痛を感じているもの。なお，起こった場所は学校の内外を問わない。	児童等に対して，当該児童等が在籍する学校に在籍している等当該児童等と，①一定の人的関係にある他の児童等が行う②心理的又は物理的な影響を与える行為（インターネットを通じて行われるものを含む。）であって，③当該行為の対象となった児童等が心身の苦痛を感じているもの。

（出所）国立教育政策研究所生徒指導研究センター（2009）の資料を参考に，いじめ防止対策推進法までの流れをまとめた

すべて同じ行為であり，同じような対応をすべきということを意味するわけではない。たとえば，「届いたLINEのメッセージを無視する」という行為は，された側からすれば非常に苦痛で悩ましい出来事であったとしても，メッセージを返さないでおいた（無視した）本人は，相手を傷つけようと意図したわけではないかもしれない。このような行為と，あえて相手を傷つけようと強く意図してメッセージを無視していた行為とは一緒にはできないし，当然「繰り返し暴力をふるう」行為とも一緒ではない。そのため，もちろん同じ「いじめ」と判断される行為であっても，行為によって対応の在り方も異なってくる。

以上のことから，やはり，この法による定義は「いじめの実態を把握するため」の定義であると考えられる。この点について，阿形（2018）は，「『いじめ

を決して見落とさない，見逃さない』という強い願いで法律が作られた」と述べており，そのうえで「いじめの"認知"といじめへの"対応"を分けて考える」ことの重要性を指摘し，以下のようにそれぞれ説明している。

・「いじめを認知する」ということは，学校として重要な課題であると認識し，教育委員会や文部科学省にいじめ案件として報告することである。
・一方，「いじめに対応する」ということは　まずは行為を止めたうえで，当該児童生徒に対して，仲間を大切にすることを考えさせる指導を行うことである。

　ここで，先に述べた「届いたLINEのメッセージを無視する」という行為について，もう少し考えてみよう。もし，この行為が相手を傷つけようと意図したものではなかったとしても，受け手が非常に傷ついていれば，メッセージの送り手と受け手で大きな気持ちの差が生じていることは間違いない。そのため，LINEの使い方やコミュニケーションの取り方とその難しさについて，子どもたちに教える必要があるだろう。

　なお，1985年からいじめ防止対策推進法にいたるいじめの定義の変遷については，表7-1を参照されたい。

2　いじめ防止対策推進法と第三者調査委員会

2-1　いじめ防止対策推進法の概要

　文部科学省（2013）によると，**いじめ防止対策推進法**は，「いじめが，いじめを受けた児童等の教育を受ける権利を著しく侵害し，その心身の健全な成長及び人格の形成に重大な影響を与えるのみならず，その生命又は身体に重大な危険を生じさせるおそれがあるものであることに鑑み，いじめの防止等のための対策を総合的かつ効果的に推進するため，いじめの防止等のための対策に関し，基本理念を定め，国及び地方公共団体等の責務を明らかにし，並びにいじめの防止等のための対策に関する基本的な方針の策定について定めるとともに，いじめの防止等のための対策の基本となる事項を定めるもの」であり，2013年6月28日に交付された。この法の概要については表7-2に示すが，総則には定

表 7-2　いじめ防止対策推進法の概要

一　総則
1　「いじめ」を「児童生徒に対して，当該児童生徒が在籍する学校（※）に在籍している等当該児童生徒と一定の人的関係にある他の児童生徒が行う心理的又は物理的な影響を与える行為（インターネットを通じて行われるものを含む。）であって，当該行為の対象となった児童生徒が心身の苦痛を感じているもの」と定義すること。
　※小学校，中学校，高等学校，中等教育学校及び特別支援学校（幼稚部を除く。）
2　いじめの防止等のための対策の基本理念，いじめの禁止，関係者の責務等を定めること。

二　いじめの防止基本方針等
1　国，地方公共団体及び学校の各主体による「いじめの防止等のための対策に関する基本的な方針」の策定（※）について定めること。
　※国及び学校は策定の義務，地方公共団体は策定の努力義務
2　地方公共団体は，関係機関等の連携を図るため，学校，教育委員会，児童相談所，法務局，警察その他の関係者により構成されるいじめ問題対策連絡協議会を置くことができること。

三　基本的施策・いじめの防止等に関する措置
1　学校の設置者及び学校が講ずべき基本的施策として(1)道徳教育等の充実，(2)早期発見のための措置，(3)相談体制の整備，(4)インターネットを通じて行われるいじめに対する対策の推進を定めるとともに，国及び地方公共団体が講ずべき基本的施策として(5)いじめの防止等の対策に従事する人材の確保等，(6)調査研究の推進，(7)啓発活動について定めること。
2　学校は，いじめの防止等に関する措置を実効的に行うため，複数の教職員，心理，福祉等の専門家その他の関係者により構成される組織を置くこと。
3　個別のいじめに対して学校が講ずべき措置として(1)いじめの事実確認，(2)いじめを受けた児童生徒又はその保護者に対する支援，(3)いじめを行った児童生徒に対する指導又はその保護者に対する助言について定めるとともに，いじめが犯罪行為として取り扱われるべきものであると認めるときの所轄警察署との連携について定めること。
4　懲戒，出席停止制度の適切な運用等その他いじめの防止等に関する措置を定めること。

四　重大事態への対処
1　学校の設置者又はその設置する学校は，重大事態に対処し，及び同種の事態の発生の防止に資するため，速やかに，適切な方法により事実関係を明確にするための調査を行うものとすること。
2　学校の設置者又はその設置する学校は，1の調査を行ったときは，当該調査に係るいじめを受けた児童生徒及びその保護者に対し，必要な情報を適切に提供するものとすること。
3　地方公共団体の長等（※）に対する重大事態が発生した旨の報告，地方公共団体の長等による1の調査の再調査，再調査の結果を踏まえて措置を講ずること等について定めること。
　※公立学校は地方公共団体の長，国立学校は文部科学大臣，私立学校は所轄庁である都道府県知事

五　雑則
学校評価における留意事項及び高等専門学校における措置に関する規定を設けること。

（出所）文部科学省（2013）

義以外にも重要な項目があるので以下に示す。

　総則では，まずいじめの定義を述べた後に，基本理念，**いじめの禁止**，国・地方公共団体・学校の設置者・学校及び学校の教職員・保護者の責務について述べた後，財政上の措置についても触れられている。法の目的からすれば当然のことではあるが，第4条に「児童等は，いじめを行ってはならない。」と明確に定めている。また，国・地方公共団体・学校の設置者・学校・教職員・保護者が，それぞれの立場でどんな責務を担っているかについても，おさえておくべき事柄である。

2-2　「重大事態」と第三者調査委員会

　いじめ防止対策推進法において，もう一つ注目されることが多いのが，いじめによる「**重大事態**」とその発生が疑われる場合に行われる調査である。まず，法第28条によると，重大事態とは，「いじめにより当該学校に在籍する児童等の生命，心身又は財産に重大な被害が生じた疑いがあると認めるとき」，「いじめにより当該学校に在籍する児童等が相当の期間学校を欠席することを余儀なくされている疑いがあると認めるとき」と定義されている。

　次にいじめの重大事態の調査に関しては，「いじめの重大事態の調査に関するガイドライン」（文部科学省，2017）に詳しく述べられている。このガイドラインを通して，当然のことではあるが，被害を受けた子どもたちやその保護者に寄り添いながら調査が行われるべきである点が強調されている。

　また，このガイドラインによると，重大事態の調査において，弁護士，精神科医，学識経験者，心理や福祉の専門家等の，当事者と直接の人間関係又は別の利害関係を有しない者（第三者）による公平性・中立性を確保した調査を行うことを求めており，この第三者による調査のための組織を**第三者調査委員会**という。

　この第三者調査委員会は，いじめの事実解明や再発防止を目指すうえで大きな期待をされている。しかし，大きな期待があるからこそ，ニュース等で報道されているように，第三者委員会はこの公平性・中立性に疑問の声を投げかけ

られることも多く，まだ課題が多いのが現状である。

3　いじめ被害の影響

　いじめ被害は，当事者に様々な影響を及ぼすことが，わが国でも様々な研究者によって報告されている。たとえば，いじめ被害が抑うつ・不安傾向やストレス症状と関連すること，自傷行為を行うリスクを高めることなどが報告されている（Hamada et al., 2016；村山他，2015；岡安・高山，2000）。そして，その影響は短期的なものにとどまらず，長期的な影響を与える場合も多い（坂西，1995）。

　また，いじめと関連の深い症状として，先に述べた重大事態としても挙げられている**不登校**がある（第6章も参照）。上述したようないじめ被害の及ぼすネガティブな心理的影響を受けた結果，不登校になる児童生徒も存在する。文部科学省（2018）によると，不登校児童生徒のうちいじめがきっかけと考えられるのは，小学校では0.7％，中学校では0.4％であった。割合としては他の不登校の理由と比べると低く，過去数年で認知件数は減少しているが，重大な問題であることには変わりない。いじめにより不登校となった子どもたちが，その後同年代の友人との信頼関係を築くことが難しくなり，ときには部屋や家庭から一歩も出られずにいる場合もある。このような事態を未然に防ぐことが重要であり，まずは人とのつながりをつくるために，家庭への**訪問面接による心理的支援**（吉井，2017など）を行うことも一つの方法である。

4　いじめの予防と介入

4-1　いじめの構造から考える

　近年，わが国でも，いじめが発生するメカニズムに関する論考や実証的な研究がさかんに行われるようになった。いじめの加害者・被害者の個人要因に着目した研究（松本・山本・速水，2009；大野・長谷川，2000など）も重要である

第7章 いじめ

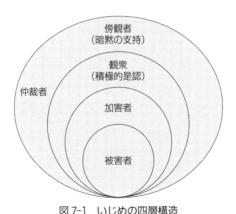

図7-1 いじめの四層構造
(出所) 森田・清永 (1994) をもとに筆者作成

が，ここでは集団力動に焦点をあてて論じる。

　いじめの集団力動に関して，わが国でよく引用されるものに，森田・清永 (1994) の「いじめの四層構造」がある。いじめの四層構造は，いじめが**加害者，被害者，観衆，傍観者**の四層の子どもたちが絡まり合った構造の中で起こっていることを示したものである (図7-1)。

　それぞれ言葉から想像はつくと思うが，この加害者，被害者，観衆，傍観者について簡単に説明しておく。まず加害者は，いじめている子どものことであり，現実には複数の場合が多い。次に被害者は，いじめられている子どものことである。このとき，集団の力動の中では，加害，被害の両方を経験している者もいることを忘れてはならない。さらに観衆とは，いじめをはやし立てたり，面白がって見ていたりする子どものことであり，加害の中心の子どもに同調・追従し，いじめを助長する。そして傍観者は，いじめを見て見ぬふりをする子どものことであり，いじめに直接的に加担することはないが，加害者側には暗黙の了解と解釈され，結果的にはいじめを促進する可能性がある。

　森田・清永 (1994) は，いじめ被害の多さは，加害者の多さよりも傍観者の多さと相関を示していることを指摘している。このことから，傍観者の存在自体，もしくは傍観者の立ち振る舞いがいじめを左右すると考えることができよう。傍観者が傍観者として居続けるのではなく，森田・清永 (1994) が**仲裁者**

119

と呼ぶ。いじめに否定的な反応を示す者が多数現れれば、いじめの状況は変化すると考えられる。この点について廣岡・吉井（2009）は、大学生・大学院生と、現職教師の大学院生への、いじめの傍観者に関する質問紙調査結果から、傍観者に対し、教師が、いじめを止めたい者には恐怖心を乗り越えさせること、いじめを止めたいと思わない者にはいじめに関心を持たせることの必要性を指摘している。このことから、傍観者になる前、つまりいじめが起こる前から、いじめに関心を持ち、いじめを止めることを教師がバックアップしてくれると思える学級づくりが予防につながるともいえるだろう。

4-2　いじめが起こりにくい学級づくり

「いじめは正しいと思うか」と問いかけられたら、子どもたちはどう答えるだろうか。おそらく多くの子どもたちが「いじめは正しいと思わない」と答えるだろう。もし、いじめが現実に起きている学校や学級で尋ねたとしても、「いじめが正しいか？」と聞かれて、イエスと答える子どもたちは少ないように思える。

それでは、いじめが正しくないことは皆が知っているのに、どうしていじめは発生し長期化しうるのか。このことを説明するための一つの理論として、バンデューラの提唱した**自己調整過程の不活性化**という概念がある（Bandura, Barbaranelli, Caprava, & Pastorelli, 1996など）。自己調整過程とは、道徳性や良心に近い概念で、それまでの経験の中で学習した基準にそって、物事の善悪を判断し、よりよい行動へ導くための機能のことをいう（大西, 2010）。本来、自己調整過程が働いているので、多くの子どもたちが「いじめはよくない」ことをわかっている。しかし、自分自身がいじめの加害者であったり、学級でいじめが起こっていたりすると、目の前で起こっている「いじめ」について、善悪の基準はぶれてしまいがちである。

これらのことをふまえて、いじめが起こりにくい学級づくりとして、いじめに対する自己調整過程の不活性化が起きにくいような学級づくりをすることが一つの形として考えられる。大西他の一連の研究（大西, 2007；大西・黒川・吉

田, 2009；大西・吉田, 2010）では，いじめに否定的な**学級規範**がいじめ加害傾向に負の影響を及ぼしていること（つまり，学級全体がいじめに対して否定的な規範をもっていれば，いじめ加害傾向は減る可能性が高いこと），教師が受容的で親近感のある接し方や，自信にあふれた指導，客観性にもとづいた評価などを児童生徒に示すことの重要性などを指摘している。

なお，目の前で起こっているいじめについて善悪の基準がぶれてしまいやすいのは，大人も例外ではない。教師が，目の前で起こっているいじめについて，必ず適切に判断し対処することができると過信するのは非常に危険である。そのため，いじめへの対応は，担任教師一人で抱え込むのではなく，学校全体で，さらには外部の専門家を入れて取り組むことが非常に肝要である。

昨今のニュースで教師のいじめ加担が報道されているが，そのような問題を絶対に起こさないためには，個人の倫理観に帰属させるだけでなく，上述したようにチームでいじめに取り組むためのシステムの構築が急務である。

4-3 いじめと援助要請

スミス（Smith, P. K.）（森田・山下監訳 2016）は，いくつかの国際比較調査結果から，日本の子どもたちが他者に助けを求めたがらない点や，教師や親に言うと事態が悪化するかもしれないので，友人にしか言わない傾向があることを指摘している。この指摘を受けて，みなさんはどう感じるだろうか。学校に守られている感覚をどれだけの子どもたちが持っているだろうか。

この課題を解決するためには，**援助要請**に着目すること，つまり「『相談できない心理』に焦点を当てた，いじめ問題へのアプローチ」（本田, 2017）が必要となる。助けてほしいときに「助けて」と言えれば，そもそも「助けてほしい」と思うことができれば，いじめは長期化・深刻化せずに解決に向かうことができるのではないだろうか。

> ☕ コラム　発達障害といじめ
>
> 　杉山（2010）によると，杉山らが行った調査で高機能広汎性発達障害（現在よく引用されるアメリカ精神医学会の診断基準の最新版（DSM-5）では自閉スペクトラム症（自閉症スペクトラム障害），以下 ASD）の約8割がいじめを受けていたことを述べ，その深刻さを指摘している。
>
> 　筆者の経験からも，ASDの子どもたちはいじめを経験していることが多い。ASDの子どもたちがいじめを経験している割合が高い要因は様々に考えられるが，一つの要因として他のマイノリティの子どもたちと同様，学級全体で彼らの特性への理解が十分でないことも大きいだろう。ASDの子どもたちのコミュニケーションの取り方や感覚（第2章参照）を教師も子どもたちも理解することが，いじめをなくすための出発点になると考えられる。

5　いじめ対策における公認心理師の役割

5-1　いじめに公認心理師がかかわるとき

　子どもたちの間で起こるいじめに公認心理師がかかわる場面には，どのような場面があるだろうか。すべての場面を紹介することはできないが，できる限り，以下に紹介する。

　まず**教育領域**では，今後公認心理師は**スクールカウンセラー**としていじめにかかわることが多いと考えられ，果たすべき役割は大きいと思われる（第9章，第10章も参照）。スクールカウンセラーは常勤化への動きが広がってはきているが，現状では多くの場合，週1日程度の勤務であり，その勤務体系の中でできる予防と介入が求められるだろう。ただし，先に述べたいじめの「重大事態」が起こった場合には緊急的に常駐するような形でかかわることもある。同じく教育領域では，教育支援センター（適応指導教室）や地方自治体の教育センター等で働く場合もいじめにかかわると考えられる。

　教育領域以外でも，いじめにかかわった子どもたちとかかわる職場は少なくない。**福祉領域**では，児童心理治療施設（旧：情緒障害児短期治療施設）・児童養護施設・母子生活支援施設等で働いている心理職もいじめに対応することを求められる。これらの施設では，学校でいじめを受けた子どもたちと出会うこ

ともあるが，学校ではいじめられていなくても施設内の生活場面で起こりうるいじめへの対応が求められる場合もある。また，児童発達支援施設等で発達支援にかかわる心理職も，発達障害のある子どもにいじめ経験者が多いこと（コラム参照）を考えると，直接的あるいは間接的にいじめへの対応を求められるだろう。また，**医療領域**でも，不登校や抑うつ，摂食障害等を主訴として来院された場合に，背景にいじめが存在することがある。

また，先述した**第三者調査委員会**の中にも，今後公認心理師が入ることを求められることも多くなってくるだろう。その際にも，弁護士や精神科医とは異なる専門性から，多職種と連携協力し，事実解明と再発防止に取り組むことが求められる。

5-2 いじめの予防と介入で公認心理師が求められること

いじめの予防と介入においても，**公認心理師法**に定められた公認心理師の役割は重要である。以下に，いじめへの対応では，それぞれの役割でどのような働きをすることになるかを解説する。

①**心理に関する支援を要する者の心理状態を観察し，その結果を分析すること**。

いじめにかかわる者の心理状態を観察し，いじめの起こった要因やメカニズム，メンタルヘルスなどについて心理学的知見からアセスメントし，その結果を介入に活かすために分析することが求められる。いじめの実態把握を行う際には，質問紙調査，観察，面接，機能分析など様々な方法が考えられるが，これらの方法は**心理アセスメント**でよく用いられる方法であり，公認心理師の専門性は高いと考えられる。

②**心理に関する支援を要する者に対し，その心理に関する相談に応じ，助言，指導その他の援助を行うこと**。

いじめの被害者を中心に，いじめにかかわった子どもたちへの**心理的支援**を行うことである。実態把握の段階で子どもに話を聴く際は，その段階から支援が始まっていると考えられる。場合によってはいわゆる心理面接だけでなく，

先述した**訪問面接による心理的支援**を行うことも考えられる。

③心理に関する支援を要する者の関係者に対し，その相談に応じ，助言，指導その他の援助を行うこと。

教師や保護者からの相談に応じ，心理学的な知見から，今後の支援や対応の方向性について意見を述べたり，協議したりすることが求められる。保護者のニーズが高い場合には，保護者へのカウンセリングを行う必要がある。

④心の健康に関する知識の普及を図るための教育及び情報の提供を行うこと。

いじめの予防のための**心理教育**を生徒，教師，保護者等に行う。直接的にいじめに関する話題を扱うだけでなく，メンタルヘルスに関する心理教育や，援助要請行動を高めるような心理教育を行うことも間接的にはいじめの予防につながる。

いじめの予防と介入は，まさにチームとしての学校（チーム学校）で取り組んでいくべき課題である。公認心理師も**多職種と連携**しながら，チームの中でその専門性に応じた役割を果たすべきである。

❖考えてみよう

小学5年生のある女児は，複数のクラスメイトから悪口やからかいなどを頻繁に受けていた。ある日，スクールカウンセラーは，その女児から「今のクラスにいるのがつらい」と相談を受けたが，同時に「誰にも言わないでほしい」と強く頼まれた。あなたがスクールカウンセラーなら，どのように対応するだろうか。本人の心理状態，本人への援助，保護者への対応，学校内での協議それぞれについて考えてみよう。

（第1回公認心理師試験（平成30年9月9日実施分）問題・問147を一部改変）

📖 もっと深く，広く学びたい人への文献紹介

森田 洋司（2010）．いじめとは何か――教室の問題，社会の問題―― 中公新書
☞わが国のいじめ研究の第一人者である著者のこれまでの研究成果をまとめた本であり，「日本のいじめ」について理解を深めることができる。新書であるため，比較的読みやすいのも特徴である。

阿形 恒秀（2018）．我が子のいじめに親としてどうかかわるか――親子で考える「共に生きる意味」―― ジアース教育出版社

☞私たちの心に直接語りかけるように書かれており，「いじめとは何か」だけでなく「どう生きるか」をあらためて考えさせられる一冊である。
スミス，P.K. 森田 洋司・山下 一夫（監訳）(2016)．学校におけるいじめ──国際的に見たその特徴と取組への戦略── 学事出版
　　☞学校におけるいじめに関する国際的な研究の動向について詳細にレビューされている。いじめ研究に取り組みたい方には必読の書である。

引用文献

阿形 恒秀（2018）．我が子のいじめに親としてどうかかわるか──親子で考える「共に生きる意味」── ジアース教育出版社
Bandura, A., Barbaranelli, C., Caprara, V. G., & Pastorelli, C. (1996). Mechanisms of moral disengagement in the exercise of moral agency. *Journal of Personality and Social Psychology, 71*, 364-374.
Hamada, S., Kaneko, H., Ogura, M., Yamawaki, A., Maezono, J., Sillanmäki, L., Sourander, A., & Honjo, S. (2016). Association between bullying behavior, perceived school safety, and self-cutting: A Japanese population-based school survey. *Child and Adolescent Mental Health, 23*(3). doi: http://dx.doi.org/10.1111/camh.12200.
廣岡 知恵・吉井 建治（2009）．いじめの傍観者に関する研究──傍観者が仲裁者に変わるためには── 生徒指導研究, 8, 47-56.
本田 真大（2017）．いじめに対する援助要請のカウンセリング──「助けて」が言える子ども，「助けて」に気づける援助者になるために── 金子書房
国立教育政策研究所生徒指導研究センター（2009）．生徒指導資料第1週（改訂版） 生徒指導上の諸問題の推移とこれからの生徒指導──データにみる生徒指導の課題と展望── Retrieved from https://www.nier.go.jp/shido/centerhp/1syu-kaitei/1syu-kaitei090330/1syu-kaitei.zembun.pdf（2018年10月31日閲覧）
松本 麻友子・山本 将司・速水 敏彦（2009）．高校生における仮想的有能感といじめとの関連 教育心理学研究, 57, 432-441.
文部省（1985）．児童生徒のいじめの問題に関する指導の充実について Retrieved from http://www.mext.go.jp/b_menu/hakusho/nc/t19850629001/t19850629001.html（2018年10月31日閲覧）
文部省（1995）．いじめの問題への取組の徹底等について Retrieved from http://www.mext.go.jp/b_menu/hakusho/nc/t19951215001/t19951215001.html（2018年10月31日閲覧）
文部科学省（2006）．いじめの問題への取組の徹底について（通知） Retrieved from http://www.mext.go.jp/a_menu/shotou/seitoshidou/06102402/001.htm

（2018年10月31日閲覧）
文部科学省（2010）．生徒指導提要　教育図書
文部科学省（2013）．別添1　いじめ防止対策推進法の概要　Retrieved from http://www.mext.go.jp/a_menu/shotou/seitoshidou/1337288.htm（2018年10月31日閲覧）
文部科学省（2017）．いじめの重大事態の調査に関するガイドライン　Retrieved from http://www.mext.go.jp/component/a_menu/education/detail/__icsFiles/afieldfile/2018/08/20/1400030_009.pdf（2018年10月31日閲覧）
文部科学省（2018）．平成29年度児童生徒の問題行動・不登校等生徒指導上の諸課題に関する調査結果について　Retrieved from http://www.mext.go.jp/b_menu/houdou/30/10/1410392.htm（2018年10月31日閲覧）
森田　洋司（2010）．いじめとは何か——教室の問題，社会の問題——　中公新書
森田　洋司・清永　賢二（1994）．新訂版　いじめ——教室の病——　金子書房
村山　恭朗・伊藤　大幸・浜田　恵・中島　俊思・野田　航・片桐　正敏・高柳　伸哉・田中　善大・辻井　正次（2015）．いじめ加害・被害と内在化／外在化問題との関連性　発達心理学研究, *26*, 13-22.
岡安　孝弘・高山　巌（2000）．中学校におけるいじめ被害者および加害者の心理的ストレス　教育心理学研究, *48*, 410-421.
大西　彩子（2007）．中学校のいじめに対する学級規範が加害傾向に及ぼす効果　カウンセリング研究, *40*, 199-207.
大西　彩子（2010）．第14章第3節　いじめ　吉田　俊和・元吉　忠寛（編）体験で学ぶ社会心理学（pp.174-177）　ナカニシヤ出版
大西　彩子・黒川　雅幸・吉田　俊和（2009）．児童・生徒の教師認知がいじめの加害傾向に及ぼす影響——学級の集団規範およびいじめに対する罪悪感に着目して——　教育心理学研究, *57*, 324-335.
大西　彩子・吉田　俊和（2010）．いじめの個人内生起メカニズム——集団規範の影響に着目して——　実験社会心理学研究, *49*, 111-121.
大野　俊和・長谷川　由希子（2000）．「いじめ」の被害者に対する外見的ステレオタイプ　実験社会心理学研究, *40*, 87-94.
坂西　友秀（1995）．いじめが被害者に及ぼす長期的な影響および被害者の自己認知と他の被害者認知の差　社会心理学研究, *11*, 105-115.
スミス，P. K.　森田　洋司・山下　一夫（監訳）（2016）．学校におけるいじめ——国際的に見たその特徴と取組への戦略——　学事出版
杉山　登志郎（2010）．いじめ・不登校と高機能広汎性発達障害　こころの科学, *151*, 64-69.
吉井　建治（2017）．不登校の子どもの心とつながる——支援者のための「十二の技」——　金剛出版

第8章　問題行動・学級崩壊・児童虐待への対応
―― スクールカウンセラーと
教師・保護者の連携

水野治久

> 　本章では児童生徒の問題行動，学級崩壊，児童虐待について事例とともに解説する。これらの問題は学校現場での大きな課題であり，教師はその対応に頭を悩ませている。問題行動を示す子どもや虐待を経験している子どもはスクールカウンセラーに援助を求めにくい。また，問題行動は学級の雰囲気とも関連があり，個別の子どもの支援とともに学級に対しても支援をする必要がある。学級崩壊は，子どものニーズと教師の指導行動のミスマッチで起こる。加えて，虐待は子どもの生命の危機と直結する。こうした問題に対応するスクールカウンセラーは，アセスメントやカウンセリングという活動に加え，教師，保護者と積極的に連携する姿勢が求められる。

1　児童生徒の問題行動

1-1　児童生徒の問題行動の現状

　「平成29年度　児童生徒の問題行動・不登校生徒指導上の諸課題に関する調査結果について」（文部科学省初等中等教育局児童生徒課，2018）によると，小学校，中学校，高等学校における**暴力行為**の発生件数は63,325件であり，児童生徒1,000名あたりの発生件数は4.8件である。学校管理下での発生の割合を見てみると，小学校においては22.2％，中学校では43.6％の学校で暴力行為が発生していることがわかる。そしてこの暴力行為の数値を10年前のデータと比較してみると，中学校，高等学校では暴力行為は減少傾向であるが，小学校では逆

に暴力行為が増加傾向であることがわかる。

1-2 学級の中での暴力行為

さて公認心理師は子どもの暴力行為についてどのような援助ができるのだろうか。学校における公認心理師の活躍の場として考えられるのは**スクールカウンセラー**（以下，SC）としてである。以下，SCとしてどのように学校現場にかかわるのかをみていきたい。暴力行為を示す児童生徒が直接SCに**援助要請**することは少ない。では誰が援助要請するのだろうか。学校での暴力行為でSCに相談するのは教師である。SCは教師と協働し，当該の児童生徒の暴力行為にかかわっていく。

このときに，SCが忘れてはならないのは，SCと教師の援助の視点の違いである（図8-1）。通常，カウンセリングでは援助対象者の理解が大事となる。子どもの暴力行為，子ども自身の様子を教師から聞きながら，子どもの認知や対人関係能力の発達，学校適応，そして家庭状況の情報を収集し，子どもを**アセスメント**していく。しかし学校という場で，教室の中で暴力行為が頻発している場合は，子どもを**学級集団**の一員として見ていく必要がある。とくに，我が国の学校教育は，「学級」という固定化された環境で一年を過ごす（河村，2010）。問題行動には学級の雰囲気が影響しているという調査結果もある（大久保・加藤，2006）。

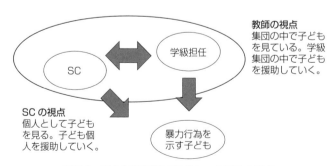

図8-1 暴力行為を示す子どもへの援助の視点

1-3 援助の事例

では，学級という場の中で，子どもの暴力行為はどのように立ち上ってくるのだろうか。架空事例を見てみよう。

概　要

小学校のSCのCさんはある日，6年生担任のA先生から相談を受けた。A先生は，Bくんの暴力行為に悩んでいる。Bくんは，キレやすく，行動の予測がつかないところがある。先日も教室でキレて，その拍子に教室のガラスが割れた。Bくん本人もそのときは反省する気持ちがあったが，しばらくするとこのことをよく覚えていないようだった。周囲の子どもたちの反応は，おもしろがっている節もあり，周囲がBくんの行動を煽っているところもある。

Bくんは，両親と3歳の妹と暮らしている。少年サッカーチームに入っている。背が高くゴールキーパーとしてコーチの期待も高い。勉強は，算数の計算は得意だが，文章問題は苦手だ。歴史が得意で，戦国武将の知識は並外れている。さらにテレビゲームが好きで，ときどき同級生とゲームをしていて喧嘩になることがある。

担任のA先生は，BくんがキレたときにはBくんの気持ちを考え，寄り添いながら支援している。そしてA先生は，Bくんのことを**特別支援教育コーディネーター**（第2章参照）の教師とも相談している。さらに，Bくんの保護者に医療機関や教育センター，SCに相談した方がよいと伝えている。Bくんの母親は，「Bがキレたときは遠慮なく叱ってください。少々，大きな声で叱ってもらって結構です。家では父親が厳しく叱っていますから，家で暴れることはないです。ですのでカウンセリングは必要ありません」と言う。

援　助

SCのCさんはまず，A先生の苦労をねぎらいながら，Bくんのことを聞いた。Bくんは，小学校4年生くらいから問題行動が目立ち始めた。Bくんは周囲の影響も受けやすく，学級が落ち着かなかった昨年はすごく問題行動が多かったようだ。Bくんは女性，とくに母親と同じ世代の女性教師と折り合いが悪いと教師たちは感じている。4年生・5年生のときの担任は母親と同世代の女

性であった。今は，30代前半男性のA先生が担任を持っている。クラス編成も配慮した。Bくんは算数の計算が得意なので，計算ドリルに取り組んでいる「朝の自主勉強タイム」の係に任命した。Bくんは毎朝張り切って早めに登校している。担任のA先生は，BくんがキレるたびにBくんを呼び出し，理由を尋ねるが，下を向いて明確な理由を述べない。A先生はBくんが心に何かを抱えているのではないかと感じている。A先生はBくんの母親の子育ての方針に違和感があり，かなり乱暴に育てられているように感じている。

　ここまで情報収集したSCのCさんは，**発達の課題**がある可能性もあるし，**不適切な子育て**の課題もあると感じた。しかし，A先生は，Bくんの問題行動をBくんの特性や家庭環境だけによるものではないと感じていた。A先生によると，周囲の男子数名がBくんを煽っているようである。些細なことでキレるBくんをからかうような**学級の雰囲気**が形成されることは避けなければならない。

　さて，SCのCさんはBくんの理解を進めなければならない。Bくん本人を観察したい。まずは，SCは様々な場面でBくんを観察することにした。また，日頃授業を観察している特別支援教育コーディネーターとの話し合い，さらに養護教諭からの聞き取りを経て，Bくんの暴力行為の背景に，学習の課題がある可能性が浮かんできた。

　特別支援教育コーディネーターの話では，Bくんは，計算問題などはすぐに理解するが，国語や道徳などの授業で長い文章を読む場面で途端に落ち着きがなくなり，教師からの叱責でキレるということである。さらに，母親の養育態度などから不適切な養育を受けている可能性もある。もしかしたら，虐待を受けているかもしれない。

　以上の可能性から，SCのCさんは，A先生とともに，Bくんの個別支援のプランと学級経営の充実のプ

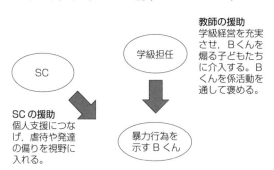

図8-2　暴力行為を示すBくんへの援助

ランの両方を検討した。**個別支援**としては、まずは担任のA先生や特別支援教育コーディネーターの先生からBくんのお母さんへのアプローチを考え、SCの個別支援につなげる。また学級においては、Bくんを煽っている子どもたちにもA先生が介入し、役割を与えたり、この子どもたちにも活躍の場を考えるようにすることにした。そして、Bくんには引き続き朝の自習係として、活動を承認し、褒めていくことにした（図8-2）。

2　学級崩壊

2-1　教師の学級づくり

前節で示した日本の集団づくりの教育は学級経営に色濃く反映されている。**学級崩壊**とはもともとはメディアによって作られた用語であるが、学級の秩序が保たれていない状況といえる。田中（2005）は、**臨床心理士285名**を調査し、学級崩壊を現実に見聞きしたことのある心理士は5割を超えていたと報告している。加えて、昨今、**教師の世代交代**が進み大都市を中心に若い教師が増えているが、若い教師にとって、学級経営は難しいと推察される（高平・太田・佐久間・若月・野口，2015）。

河村（2012）は、**学級集団の発達段階**を8段階に分類している（表8-1）。このうち**崩壊初期**、**崩壊中期**は、学級全体では荒れておらず、授業中も静かに課題に取り組む姿勢を見せているが、それを支える人間関係にほころびが出ている状態を指すとされている。

2-2　援助の事例

架空事例を見てみよう。

概　要

中学校のSCのDさんは、養護教諭から気になることを聞いた。2学期になり月末の体育大会に向けての練習が始まってから、2年1組の女子の保健室への来室が急に増加したという。養護教諭は2年1組に何か問題が生じているの

表 8-1 河村 (2012) による学級集団の発達過程

段階	説明
学級崩壊	ほとんどの児童生徒が非建設的に行動している。担任に反抗する児童生徒が多く、担任の指示が通らない。
崩壊中期	半数近くの児童生徒が非建設的に行動している。グループどうしの対立が起こり、トラブルが多い。
崩壊初期	非建設的な小グループが学級をかき回している。小さなトラブルで傷つく児童生徒がいる。
混沌・緊張期	学級内のルールは定着していない。児童生徒どうしの交流は少なく、身近な人とくっつく。
小集団成立期	3〜4割の児童生徒が建設的に行動している。仲のよい児童生徒どうしの交流は活発だが、仲間内に閉じている。
中集団成立期	半数以上の児童生徒が建設的に行動している。統合されたグループで建設的な役割交流ができる。
全体的集団成立期・自治的集団成立期	ほとんどの児童生徒が建設的に行動している。学級全体に児童どうしの交流が広がっている。

(出所) 河村 (2012) (一部改変)

ではないかと思っている。SC の D さんは、現在、2 年 1 組の女子 3 名をカウンセリングしている。3 名とも学級の人間関係の悩みを訴えている。

　2 年 1 組の担任は、体育を担当している若い男性教師 E 先生である。E 先生は、子どもにも人気があり、いつも気さくに子どもと談笑している姿が思い浮かぶ。養護教諭は、談笑しているのは運動部に加入している元気のよい子どもたちだと言う。とくにここ数週間は「体育大会のクラス対抗リレーで優勝する」という目標からか運動神経のよい生徒と担任の E 先生が盛り上がってるようだ。2 年 1 組のこうした学級の雰囲気は、静かな子にとっては居心地が悪いだろう。そういえば、2 年 1 組の生徒のうち 3 名が不登校で、全員どちらかというと静かな女子だ。そこで、SC の D さんは、面接の空き時間に 2 年生の教室を巡回した。1 組の生徒たちは静かに先生の話を聞いている。授業中は学級の雰囲気は悪いとは思えない。ちょうどその日の午後に、担任の E 先生が SC の D さんに話しかけてきた。気になることがあるということだ。E 先生は、「今のクラスは、女子の人間関係が築けていなくて学級集団のまとまりがない」と言う。E 先生は続けて、「これでは 3 年生になってからよい集団ができ

ていかない。女子のリーダーを育て，女子を引っ張っていってもらわないといけない」と言う。

援　助

　SCのDさんは，現在の学級の状態と担任のE先生の学級の経営の方針が合っていないと感じた。「学級でまとまり，体育大会を頑張ろう」という目標を負担に感じている子どももいる。それは，カウンセリングをしている女子生徒の言葉や，養護教諭との情報交換からも明らかであった。E先生も学級経営の方針について悩んでいた。Dさんは，SCとしてできることはないのかと考えた。この学級には，もう数か月登校していない生徒が3名いる。夏休みの終わりに，SCのDさんはE先生にSCとしての見立てを話した。2学期も1か月ほど経過したので再度のケース会議の開催が必要だ。

　2年1組の不登校生2名のうち1名は市の**教育支援センター（適応指導教室）**に通っている。他の2名の生徒については，それぞれの母親がDさんのカウンセリングを受けている。加えて，E先生がこの二人の家庭訪問を定期的に実施しており，子どもと玄関先でテレビゲームの話題で話ができているようだ。この二人の母親は学校との連携を強く希望し，子どもの早期の学校復帰を願っている。SCのDさんは，生徒指導担当の教師に働きかけケース会議を持った。このケース会議には，担任のE先生，生徒指導担当，養護教諭，特別支援教育コーディネーターなど校内の職員だけでなく，教育支援センター（適応指導教室）の指導主事，心理職も参加し，現在教育支援センターに通っている生徒についても情報が提供された。

　そして，不登校の生徒のうち，教育支援センター（適応指導教室）に通っている子どもについては今までどおり教育支援センター（適応指導教室）への定着を目指すことになった。さらに，担任のE先生が家庭訪問できている女子生徒2名については，母親とSC，担任で**援助チーム**（田村，2013）を組み，それぞれの生徒について，学校復帰についての詳細な計画を立てた。二人の生徒はまず，SCと面談し，そこから会議室，教室と段階的に復帰するようにした。担任のE先生も，女子のリーダー育成よりも女子同士の人間関係づくりを行う

こととし，まずは担任のE先生が学級全体を認めていく発言をすること，個別には班ノートで子どもの行動を褒めるメッセージを記載していくことにした。

3 児童虐待

3-1 学校における虐待対応

児童虐待は年々増加し深刻な社会問題となっている。2018年8月に公表された「平成29年度　児童相談所での児童虐待相談対応数」（厚生労働省，2018）によると2017度に児童相談所が対応した件数は133,778件であり，過去最高である。10年前の2007年度が40,639件であったことと比較すると状況がいかに深刻であるかを物語っている。そして，2017年度の相談件数のうち学校からの通告は，9,281件（7％）である。一番多いのは，警察からの通告で，66,055件（49％）である。相談件数だけを見ると，児童虐待について学校が関与できることは少ないように映る。しかし実際は，学校は児童虐待の防止に大きな力を発揮する。なぜなら，公立学校は，**コミュニティ**（地域）の子どもについて，投網的に関与する権限を有している（玉井，2013）。子どもが登校しない，食事をとっていないようだといった子どもの状況を把握できる機関が学校である。

さて，このような特性を持つ学校という組織にかかわる心理職であるSCはどの程度虐待のケースにかかわっているのだろうか。上田（2014）は，大阪府内のSC248名を対象に調査を行い49名から回答を得て，67.3％のSCが身体的虐待，75.5％のSCがネグレクト，38.8％のSCが性的虐待，61.2％が心理的虐待の相談ケース（疑いを含む）に対応したことがあると回答していた。公認心理師がSCとして学校に出向いた場合，虐待のケースに遭遇する可能性が高いことを意味している。

学校で虐待を疑う事案が発見された場合，**児童虐待の防止等に関する法律**においては，市町村，都道府県の設置する福祉事務所もしくは児童相談所に通告することが義務づけられている。しかし虐待を通告することには懸念がともなう。水野・本田・二井・島・岡本（2018）は，通告に対する懸念があったと回

第8章　問題行動・学級崩壊・児童虐待への対応

答した教師340名のデータを分析し,「通告後の見通しが持てず,不安であった」,「児童相談所等の連携がうまく機能する見通しが持てなかった」,「事がおおげさになると思った」,「校内連携が上手く機能する見通しがもてなかった」,「自分自身の判断に見通しがもてなかった」という項目からなる「**通告懸念尺度**」を開発している。学校関係者のこうした通告に関する懸念に耳を傾け,通告を後押しするような介入を緊急に行う役割も,SCが担うべきかもしれない。
　さて,学校で働くSCはどのように虐待が疑われる事例に遭遇するのだろうか。

3-2　中学校での援助の事例
　架空事例を見てみよう。
概　要
　中学校のSCのFさんが学校に行くと,生徒指導のG先生が「相談がある」と言ってきた。
　2年生のHさんは,目立たない生徒であるがいつも長袖である。Hさんは教室に入りにくいので,いつも昼ごろ登校し,保健室や会議室で勉強し,夕方から部活動をしている。今日,長袖の下の腕部分にリストカットの傷があることを生徒指導のG先生が発見した。早速,養護教諭に相談し,養護教諭からHさんの事情を聞いたところ,昨日,嫌なことがあってリストカットしたということであった。リストカットの理由を尋ねると,無料通信アプリで,いつも連絡をとっている人と言い合いになって落ち込み,気がついたらリストカットしていたようだ。そこまで話すとHさんは泣き崩れた。養護教諭は直感的にHさんには事情があると察した。養護教諭は,Hさんの話に時間をかけて丁寧に耳を傾けた。すると,じつはHさんは,体調を崩している母親の代わりに家事をしていて朝登校できないのだという。家事は,掃除,洗濯,炊事などお手伝いの範囲を超えている。またそれが毎日続いている。母親は夜になると,Hさんに対して「もっと早く起きて家の手伝いをしろ」,「家の手伝いをしないならこの家から出て行け」と罵るようだ。この話を聞いた学校は,自治体の虐待相談窓口に連絡しており,その日の午後に自治体の虐待担当者2名が来校する予定に

なっているという。

援　助

　この中学校2年生のHさんには，心理的な虐待およびネグレクトが疑われる（表8-2参照）。まずは虐待については自治体の窓口の担当者が来校する予定であるので，面接等の予約がなければできるだけ同席し，SCとして何ができるのかケース会議の場で一緒に考えたい。さいわい，SCのFさんは夕方からの面接が調整でき，ケース会議に同席できた。市の担当者は二人来校し，うち一人は心理職であった。

　市の担当者は，Hさんから詳細な聞き取りをした。そして，Hさんのケースは，心理的な虐待である可能性が高いと判断した。市の担当者は，学校でのHさんに対する見守りの体制を作りHさんを支援してほしいと学校側に依頼した。市の担当者は，慎重に母親への接触と支援を計画している。

　SCのFさんは，養護教諭，生徒指導担当のG先生とともに援助チームを作り，Hさんをどう支えていくのかについて考えていくことにした。援助チームでは，Hさんに対する登校の支援が大事だと考えた。そして保健室での継続的なサポートに加え，SCによる個別支援を検討することにした。来週の来校日に，養護教諭と一緒に保健室でHさんを支援し，SCとの面談を提案してみることにした。

　次の週，SCのFさんは，早速，登校したHさんがいる保健室に向かった。

表8-2　厚生労働省による児童虐待の定義

児童虐待	定　義
身体的虐待	殴る，蹴る，投げ落とす，激しく揺さぶる，やけどを負わせる，溺れさせる，首を絞める，縄などにより一室に拘束する　など
性的虐待	子どもへの性的行為，性的行為を見せる，性器を触る又は触らせる，ポルノグラフィの被写体にする　など
ネグレクト	家に閉じ込める，食事を与えない，ひどく不潔にする，自動車の中に放置する，重い病気になっても病院に連れて行かない　など
心理的虐待	言葉による脅し，無視，きょうだい間での差別的扱い，子どもの目の前で家族に対して暴力をふるう（ドメスティック・バイオレンス：DV）　など

（出所）厚生労働省「児童虐待の定義と現状」

Hさんは，マスク姿で伏し目がちであった。SCのFさんは，Hさんが取り組んでいる美術の課題について話題にし，絵の話，アニメの話などを展開していった。これを機にSCのFさんは，Hさんとの保健室での面会を継続することになる。Fさんは，Hさんが登校したことをねぎらいながらも，Hさんが無料通信アプリで連絡をとっている相手について話題にした。援助チームで生徒指導担当のG先生が，無料通信アプリで事件に巻き込まれることを懸念していた。通信相手が特定できず，また匿名のために性別や年齢さえもわからない。しかし，Hさんにとっては，無料通信アプリでの会話により支えられているところもある。Fさんは慎重に言葉を選んで，学校側が心配していることを伝えた。

そして，時折，家での家事のお手伝いの状況，母親との関係について話し合った。SCのFさんは現実的な登校の支援を行うことでHさんに寄り添い，母親との関係の見守りと記録，そして無料通信アプリの件，リストカットについて継続的に支援し情報収集していくことにした。

3-3　小学校での援助の事例

虐待を疑う事例は小学校でも多い。とくに，身体的な発達の途上にある小学生は子育ての影響を受けやすい。架空事例を見てみよう。

概　要

小学校のSCのIさんはその日，小学校の担任のJ先生からKくんについて相談を受けた。J先生は，小学校4年生のKくんの遅刻，欠席を心配している。ゴールデンウィーク後から遅刻が目立つようになり，今週（7月初旬）の前半はほぼ欠席だ。保護者からの欠席連絡もないことが多く，10時ごろ教頭先生が電話すると母親が出て，「申し訳ありません。一家で寝坊しました」と言う。Kくんは，週の後半，木曜日，金曜日は10時ごろには登校している。担任J先生がKくん本人に尋ねても明るく「寝坊した」という。しかし衣服が連日同じであったり，何日か風呂に入っていないような様子もある。授業中はボーッとしていることもある。頭痛を訴えて保健室に行って，そのまま数時間寝ていた。一度，担任のJ先生は，朝，Kくんの家を訪問して，呼び鈴を押してみたが，

応答がなかったという。J先生は、Kくんについてどのように対応したらよいか悩んでいる。

援助

まず、SCのIさんは、Kくんの遅刻、欠席の状況を確認した。ゴールデンウィークまではだいたい毎日、8時半ごろには登校できていたが、ゴールデンウィーク明けから、9時、10時と登校が徐々に遅くなってきたようだ。J先生が心配しているのは遅刻、不登校だけでなく、その背景に疑われる保護者の養育力の低下、またネグレクトなど虐待の心配もあるという。Kくんには認定こども園に通う弟がいる。父親は出張が多い仕事であると家庭訪問のときに聞いた。Kくんの援助のためには、子育て環境の改善と、虐待があればそれに対応すること、あるいは虐待のリスクを低めることが必要である。

早速、SCのIさんは、**スクールソーシャルワーカー**（以下、SSW）と連携することにした。SSWとの相談の結果、弟の通う認定こども園とも連携すべきというアドバイスを受けて、認定こども園の保育者と情報を共有した。母親が体調を崩しており、朝が苦手であること。父親が在宅しているときは、わりと朝が早いこと。また、母親が部屋の片付けができない状況であるが、**福祉の窓口への援助要請がなく、周囲は動けないでいる**ことなどがわかった。

そこで、Kくんを支えるために、担任のJ先生、SCのIさん、SSW、認定こども園の保育者で2週間に一度、詳細な情報交換をすることにした。SSWは、市の福祉の窓口に、母親の家事支援ができないかと相談した。2週間後、福祉の担当者が家庭訪問を行い、週に2回、家事のボランティアのヘルパーがKくんの家に入り掃除と夕食作りをすることになった。そして、Kくんについては、SCのIさんが毎週1回、放課後20分ほど面会し、生活の様子や表情を確認し、Kくんの好きなことについて話し合うことにした。

SCのIさんがKくんと面会してみると、Kくんは元気な男の子で、サッカーとテレビゲームの話をしていった。しかしながら、家族については複雑な思いを抱えている様子も垣間見ることができた。

1か月後、母親への支援の効果はKくんの欠席日数の減少という形で現れた。

まだ朝から登校することは難しい日もあるが，毎日登校してくるようになった。Kくんの母親は福祉担当者のアドバイスに従い，医療機関での治療を開始した。

　この章では，問題行動，学級崩壊，虐待について，事例を用いて考えた。こうした課題は教育関係者が頭を悩ませている問題である。背景には様々な要因が考えられるが，日本社会全体の経済的，社会的状況が関係している。問題行動の背後には学級や家庭の状況がある。また，不登校の事例から虐待が発見されることなどもあり，援助の必要がある子どものおかれた状況を立体的に見立てていく必要がある。
　学校で援助を展開するSC等として働く公認心理師は，子どもとの面接を基本に据えながらも，学級や保健室でのかかわり，そして，子どもを支える教師や保護者との連携を通じて子どもを援助する姿勢を忘れてはならない。

❖考えてみよう
　小学3年生のある学級では，5月ごろからある男児が授業中に立ち歩くようになり，それを注意する児童と小競り合いが頻発するようになった。クラス全体に私語がみられ，授業に集中できない児童も多くなってきた。やがて，担任の指導に従わず，集団教育が成立しない状態になってきた。担任によるこれまでの方法では問題を解決できないと，管理職は判断している。このときの学校の取組として，どのような対応があるだろうか，考えてみよう。
（第1回公認心理師試験（平成30年9月9日実施分）問題・問146を一部改変）

もっと深く，広く学びたい人への文献紹介

水野 治久（2014）．子どもと教師のための「チーム援助」の進め方　金子書房
　☞スクールカウンセラーと教師がチームとなって子どもを支える仕組みと方法を解説。前半は調査研究から，後半は事例をもとに考える。

水野 治久・家近 早苗・石隈 利紀（2018）．チーム学校での効果的な援助――学校心理学の最前線――　ナカニシヤ出版
　☞チーム学校をどう実現したらよいのかについて，19の章，九つのコラムから解説。様々な教育課題について実践・研究の両面から考える。

引用文献

河村 茂雄（2010）．日本の学級集団と学級経営——集団の教育力を生かす学校システムの原理と展望—— 図書文化社

河村 茂雄（2012）．本書の見方 河村 茂雄（監修）水野 治久・品田 笑子・伊佐 貢一・深沢 一彦（編） 事例に学ぶＱ-Ｕ式学級集団づくりのエッセンス——集団の発達を促す学級経営 小学校中学年——（p.7） 図書文化社

厚生労働省（2018）．平成29年度 児童相談所での児童虐待相談対応件数〈速報値〉 Retrieved from https://www.mhlw.go.jp/content/11901000/000348313.pdf（2019年２月３日閲覧）

厚生労働省 児童虐待の定義と現状 厚生労働省ホームページ Retrieved from https://www.mhlw.go.jp/seisakunitsuite/bunya/kodomo/kodomo_kosodate/dv/about.html（2019年２月３日閲覧）

水野 治久・本田 真大・二井 仁美・島 善信・岡本 正子（2018）．学校教員の虐待に関する意識——教員と管理職による調査報告—— 子どもの虐待とネグレクト, 20, 220-226.

文部科学省初等中等教育局児童生徒課（2018）．平成29年度 児童生徒の問題行動・不登校生徒指導上の諸課題に関する調査結果について

大久保 智生・加藤 弘通（2006）．問題行動を起こす生徒の学級内での位置づけと学級の荒れ及び生徒文化との関連 パーソナリティ研究, 14, 205-213.

高平 小百合・太田 拓紀・佐久間 裕之・若月 芳浩・野口 穂高（2015）．小学校教師にとって何が困難か？——職務上の困難についての新任時と現在の分析—— 『論叢』玉川大学教育学部紀要, 5, 103-125.

玉井 邦夫（2013）．新版 学校現場で役立つ子ども虐待対応の手引き——子どもと親への対応から専門機関の連携まで—— 明石書店

田村 節子（2013）．援助チーム 水野 治久・石隈 利紀・田村 節子・田村 修一・飯田 順子（編著） よくわかる学校心理学（pp.72-73） ミネルヴァ書房

田中 志帆（2005）．臨床心理士による介入が行われた学級崩壊現象の内容とその実態——臨床心理士を対象とした調査からの検討—— こころの健康, 20, 45-56.

上田 裕美（2014）．スクールカウンセラー調査——子ども虐待防止活動の現状とニーズ—— 岡本 正子（代表）「子ども虐待防止の実践力」を育成する教員養成のあり方——2011～2013年度 科学研究報告書 科学研究費助成事業——（科学研究費補助金）（基盤研究（B）課題番号 23330225）（pp.81-98）

第9章　スクールカウンセラー
——スクールカウンセリングの歴史と今後に向けて

伊藤美奈子

> 本章では，**スクールカウンセリング**が学校現場に導入された歴史を概観したい。当初は，教師とは異なる専門性を持ちつつ非常勤でかかわる"外部性"を特徴としていた。しかしその後，スクールカウンセラー配置の増加とともに，仕事内容にも広がりが見られた。今後，「チームとしての学校（チーム学校）」への展開が進む中，公認心理師資格をもつスクールカウンセラーが増え，常勤化の方向も模索が続くと見込まれる。これまでのスクールカウンセリングの歴史を踏まえつつ，スクールカウンセラーの新たな局面を考え，公認心理師資格をもつスクールカウンセラーとして学校現場で活躍するためにも，何が期待されているか考えていただきたい。

1　スクールカウンセラー黎明期から制度化まで

1-1　スクールカウンセラー元年

カウンセリングマインドという言葉が誕生して以来，**スクールカウンセラー**（以下，SC）の必要性が叫ばれながらも，なかなか国を挙げての取り組みにはならなかった。ところが1990年代に入ると，不登校の数はどんどんと増え，いじめにも歯止めがかからないまま，愛知県での男子中学生のいじめによる自殺が大きな社会問題となった。そのような中，文部省（現・文部科学省）により，1985（昭和60）年に持ち上がりつつも実現するに至らなかった「専門家によるSCの派遣」が再提起され，はじめて国としての予算が投入されることになっ

た（村山, 1998）。それが，1995年4月に文部省から各県に示された「**スクールカウンセラー活用調査研究委託実施要項**」である。それまでも，現職教師の資質向上を目的とした研修の強化や，教師になる前の養成課程での対策として教員養成カリキュラムの改定など，教師の教育相談の資質を高めるために，教育行政的にも様々な手が尽くされてきた。しかし，時代とともにますます複雑化・複合化していく子どもの問題等に対し，学校教育という専門性だけでは対応しきれない課題の存在が指摘され，ようやく動き出したのがSC配置事業であった。

　当初，各都道府県に3校の割合で，実力を備えた選りすぐりのカウンセラーが配置された。「学校教育に，教員免許を持たない人間がはじめてかかわる」という事態を受け，〈**教育界の黒船**〉という呼称が象徴するように，SCは学校関係者から様々な感情とともに迎えられた。学校現場では，SCよりむしろ教師を増やしてほしいという要望や，教員免許を持たないSCに対する学校の警戒や不安も大きかったことと思う。導入期は，教職員でもない〈部外者〉がいかに根付くか，**外部性**（心理臨床の専門性）を発揮しつつも学校の主体性を尊重し，学校の中でどう動けばいいのかが大きな課題とされていた。これに対し，学校からSCへの評価は「概して好評」を維持し（伊藤, 2000a），SC配置校の数も右肩上がりに増加していくことになる。

1-2　制度化への動き

　SC事業が制度として安定したシステムとなるには，その成果を数値として示すことが求められた。そこで行われたのが，学校臨床心理士ワーキンググループによる1999年の大規模調査（伊藤, 2000a）である。この調査は，SC配置校と未配置校それぞれ1,500校の教師を対象に実施された。教師によるSCへの評価が，「教師援助（「学級担任の負担が軽減され授業に専念できる」など6項目）」「親子援助（「無料なので保護者や子どもの負担にならない」など6項目）」「専門的貢献（「教師とは異なった専門的な見方を知ることができる」など5項目）」という3点から捉えられた。また他方，導入当初懸念された問題点とし

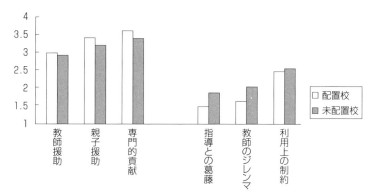

図9-1 スクールカウンセラー配置校・未配置校のスクールカウンセラーの効果と問題への評価
(出所) 伊藤 (2000a) をもとに筆者作成

て「指導との葛藤(「当該の子どもや親が特別扱いを受けているような気持ちになってしまう」など6項目)」「教師のジレンマ(「教師には自分の力だけで解決したいという思いがあるので相談しにくい」など6項目)」「利用上の制約(「来校日数が少ないので,いざという時,利用しにくい」など4項目)」という3点が測定された。これらについては,「あてはまる(4点)」から「あてはまらない(1点)」までの4件法で回答を求めた。その結果,評価3得点はいずれも高い評価をマークした。しかもSCが実際に配置された学校の教師の方が評価が高いことがわかった。一方,懸念されていた教師の不安は全体に低く,とりわけSCを実際に活用した教師の不安の方が小さいことが確認された(図9-1)。しかし他方,教師はSCに対し「積極的な情報共有」を求めていることや,SCの仕事はSC個人の力量のみで遂行されるのではなく,学校の協力体制が不可欠であることも見えてきた(伊藤,2000a)。

以上のように,SC導入期は,学校の期待にある程度応えることができ,その評価を後押しにしてSC事業が拡大してきたといえる。

さらに,学校内でのSC活用の広がりを示すデータがある。たとえば,文部科学省の報告によると,2005年度に不登校に対する学校内外の機関等の中でもっとも活用されたのが「学校内にいるSCや相談員等」であった(教育相談等

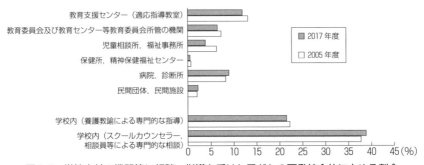

図9-2 学校内外の機関等に相談・指導を受けた子どもの不登校全体に占める割合（小・中学校合計）
（出所）教育相談等に関する調査研究協力者会議（2007）・文部科学省（2018a）をもとに筆者作成

に関する調査研究協力者会議，2007）。もちろん，SC等が最初の窓口となって学校外の専門機関につながるケースもあろうが，不登校全体の37.7%にSC等がかかわっていることがわかる。そしてその割合は，その後もさらに高まり，2017年度の実績（文部科学省，2018a）では38.8%である（図9-2）。

教育相談等に関する調査研究協力者会議（2007）は，SCが相談に応じることのメリットとして，以下のような点を挙げている。

①学校外のいわば「外部性」を持った専門家として，児童生徒と教師とは別の枠組み，人間関係で相談することができる

②教職員等も含めて，専門的観点からの相談ができる

③相談場所が学校であるため，外部の専門機関に自費で相談に行かなくても，比較的平易に相談できる

これらは，SCが，「教師が有する教育の専門性とは異なる心理臨床の視点や関わり（＝外部性）」を特徴とする一方で，「学校の中にいる」という物理的内部性を併せ持つという点を示唆している。

2 スクールカウンセラー実践が広がりを見せる展開期

SC配置の「試行」が終わりをつげ，揺るぎない制度として定着する中，学

校現場も社会も様々な変化を見せてきた。そうした問題に対応するため，SCの存在が学校現場でも徐々に認知され，様々な形の活用が広がっていった。とりわけ，SC は教育相談の中で重要な位置を占め，学校だけでは対応が難しい多くの役割を担い，教育相談を円滑に進めるための潤滑油ないし，仲立ち的な役割を果たすようになった（教育相談等に関する調査研究協力者会議，2007）。そこで挙げられた **SC の役割**は以下の通りである。

①児童生徒に対する相談・助言
②保護者や教職員に対する相談（カウンセリング，コンサルテーション）
③校内会議等への参加
④教職員や児童生徒への研修や講話
⑤相談者への心理的な見立てや対応
⑥ストレスチェックやストレス・マネジメント等の予防的対応
⑦事件・事故等の緊急対応における被害児童生徒の心のケア

2-1 対象や領域の広がり

ここで，観点を絞り，もう少し具体的に SC 実践の広がりや変化についてみてみたい。

まず，SC のようなカウンセラーが必要とされる現場も，幼稚園・保育所の就学前から，小・中学校という義務教育段階，高校や大学を含む義務教育後の段階（第11章も参照）まで，多様に広がっている。

SC が対応している問題は，導入当初に掲げられた「**不登校やいじめ等**」に加え，福祉的な支援が必要なケースが増え，ますます多様化の一途にある。たとえば，不登校でも，児童生徒個人の心理的な悩みに起因しているケースだけでなく，親の**児童虐待**（**ネグレクト**など）が背景にあるケースや，保護者の精神疾患ゆえに学校に来られなくなっているケースなど幅広い（第6章も参照）。さらには，いじめの背景も様々である。いじめの加害者や被害者に発達的な課題が見え隠れするケースもある。また，いじめが家庭でのストレスのはけ口になっていたというケースもある。表現型としては「友人関係の問題」に見えて

も，その根は深い（第7章も参照）。

　一方，学校現場では，保護者からの「理不尽にみえる要望」に振り回されるケースも増えている。SCとしては，そういう保護者の気持ちに寄り添うこともあれば，保護者対応で消耗している教師を支える役割を取ることもある。

　また他方，発達的な生きづらさを抱えたケースについての相談も増えている。特別支援教育（第2章も参照）の立場を踏まえた子ども自身への対応に加え，その子どもへの対応に悩む保護者の相談についてもニーズは高い。

　様々な領域に絡む問題への対応が迫られるだけでなく，これら一つひとつが単独にあるのではなく，互いに絡んでこじれてしまっているケースもある。内容的にも，緊急・即時対応を必要とするものから，持続性を求められるものまで幅広い。SCは，こうした多様で複雑な相談役割を担っているといえる。

2-2　個だけではなく，集団や組織も

　従来の個人療法が個を対象とすることが多かったのに対し，学校臨床では，SCが対応するのは「個」（「点」への関わり）だけではない。人と人との関係や複数のグループが相談の対象となることがある（「線」への関わり）。また，問題状況によっては，学級全体，さらには学校組織そのものに切り込んでいったり，家庭や学校外の専門機関ともネットワークを広げたりという仕事（「面」への関わり）もある。これら，**「関わりの三位相」**（伊藤，2000b）を使い分けつつ活動するという柔軟さやフットワークの軽さが求められる。SCには，個人臨床の技法だけでなく，**グループ・エンカウンター**や**ピア・サポート**など，グループカウンセリングの手法や**コミュニティ心理学的アプローチ**を磨くことも求められる。こうした技を身につけるための自己研鑽がSCとしての引き出しを増やすことになる。個人と集団のダイナミックスに自らを投げ入れつつも，その渦の中に巻き込まれた自分自身を客観的にモニターする鳥瞰的な視点が重要となる。

　さらに近年は，子どもや家庭が抱える課題が多様化した結果，学校で出会うケースも多岐にわたり，教育という力だけで解決を図ることは難しくなってい

る。これからの SC には，教育・心理・福祉・医療・司法矯正という**学外ネットワークの専門性をうまく生かしつつ活用できるよう，連携のかなめとなる**ことがますます求められることになってきた。

2-3　悩んでいる子も，悩んでいない子も（すべての児童生徒が対象）

　SC が対象とするのは，悩んでいる児童生徒や傷ついている児童生徒に限らない。今は重大な問題がない子どもたちも支援の対象となる。そういう意味では，「相談に来るのを，相談室内で待っているだけ」では不十分である。発達的につらい状況を抱えた子どもの様子を教室まで観察に出向いたり，教師による児童生徒の個別面談に同席したりするなど，「こちらから打って出る」動きが求められることもある。さらに最近では，**ストレスマネジメントやアンガーマネジメント，ソーシャルスキルトレーニング**などを目的とした心理教育が SC に期待されるようになってきた。「いのちの授業」や性教育などを養護教諭と一緒に行うような学校も出てきている。個人臨床に加えて，こうした力量を備えることも，現場のニーズに応えることにつながるだろう。

2-4　事後対応から予防へ，そして緊急支援も

　もう一つの大きな変化としては，**緊急支援**へのニーズが増えてきた点が挙げられよう。自然災害によるトラウマへの対応，さらには，児童生徒や教職員の自殺や事故，そして学校を舞台にした事件など，子どもたちの心のケアを必要とする出来事が相次いでいる。そういう突発的な問題への対応に際し，SC に緊急支援が要請される事態も増えてきた。トラウマを抱えた子どもや保護者，そして教職員の心のケアに努めつつ，教育の現場に平常の落ち着きを取り戻すことが重要である。そのために，学校全体を迅速，かつ確実にアセスメントし，個人面接や校内巡回，そして保護者や教職員のサポートなどを組み立てねばならない。

　このように SC には，日々起こる様々な「問題」への対症療法的なかかわりに加え，日常の中で必要性が指摘される予防的かかわり，そして，突発的に起

こる緊急事態への支援まで，多様で臨機応変なかかわりが求められることになる。

3 新たな段階へ

3-1 自明性の獲得，そして格差の時代

SC 導入期に比べ，配置校数の増加により「学校に SC がいること」が，もはや〈当たり前〉の時代になってきた。国も，2019年には小中学校に全校配置を目指しているという（文部科学省初等中等教育局児童生徒課，2018）。導入当初は初めての試みであり，学校による評価も，比較対象のない中での「手探りの評価」であったといえる。しかし，学校に SC がいることが「**自明性**」を獲得し，それと同時に SC そのもののすそ野が広がったことで，SC に対する世間の眼差しは厳しくなっている。「隣の学校の SC」「前任の SC」や他職種であるスクールソーシャルワーカー（SSW）等との比較に晒されることも増えている。

また他方，国が主導で配置していた黎明期とは異なり，都道府県による「**格差**」も拡大しつつある。予算の面でも国の支出が2008年には3分の1に縮小され（残りの3分の2は地方自治体が支出），地方自治体の実情に合わせた運営が進められるようになった。SC に投じられる予算規模も人材の多さも都道府県によって大きな格差があるのが現状である。

3-2 チームとしての学校（チーム学校）に向けて

文部科学省が出した**ガイドライン**（教育相談等に関する調査研究協力者会議，2017）によると，従来から SC の役割とされてきた児童生徒へのカウンセリング，保護者への助言・援助，教職員に対するコンサルテーションという業務以外にも，さらに多様な役割が期待されている。

○児童生徒集団，学級や学校集団に対するアセスメントと助言・援助

○児童生徒の困難・ストレスへの対処方法，児童生徒への心の教育に資する全ての児童生徒を対象とした心理教育プログラム等の実施

○不登校，いじめや暴力行為等問題行動，子どもの貧困，虐待等を学校として認知した場合，自然災害，突発的な事件・事故が発生した際の援助

　これらを見ると，SC に対する期待が，①個別の相談に加えて子ども集団や学級単位の支援，②ふだんの授業（心の教育）の担い手として，③日常的に起こっている問題への対応に加えて緊急時への支援まで，今後「**チームとしての学校（チーム学校）**」実現に向けて，外からの部分的介入ではなく，学校内部にいて日常的・即時的に介入できる SC 像が求められていることがわかる。

3-3　スクールカウンセラーとスクールソーシャルワーカー

　もう一つ，「チームとしての学校（チーム学校）」時代に求められるのが多職種連携であろう。近年，いじめや虐待，それに子どもの貧困の問題など，外部の専門機関，とりわけ福祉的支援機関との連携が必要なケースが増えている。こうした状況を受け，文部科学省も2008年に「**スクールソーシャルワーカー活用事業**」として全国的な**スクールソーシャルワーカー**（以下，SSW）の導入に踏み切った。その後，2017年3月には学校教育法施行規則の一部改正が行われ，SC および SSW の職務内容が規定されることになる。SC 導入当初は，ソーシャルワーカーやコーディネーターの役割を兼ねることが必要とされた（伊藤，2013）。しかし，今や学校をサポートする車の両輪として SC と SSW が位置づけられ，その一方で，SC と SSW の役割を差異化して捉える必要性が出てきたのである。

　そこで，SC，SSW それぞれの役割について，「児童生徒の教育相談の充実について（報告）」（教育相談等に関する調査研究協力者会議，2017）に明記されたガイドラインを引用しつつ考えてみたい。

　まず SC は，不登校，いじめ，暴力行為，虐待等，多様化する子どもたちの課題の解決に向け，教育相談体制の充実が求められる中，多様な専門性と外部性を兼ね備えた心理の専門家として大きな期待が寄せられている。職務は，児童生徒，保護者，教職員に対するカウンセリングやアセスメント，コンサルテーションがある。それに加えて，コミュニケーションやストレスマネジメント

などに関する心理教育や教職員への研修等も挙げられる。

　一方，福祉の専門家である SSW が導入された背景には，児童生徒の心の問題とともに，家庭，友人関係，地域，学校など児童生徒の置かれている環境の問題がある。そのため SSW には，個人の環境への適応力を高める支援や，環境に働き掛けて問題を解決できるように調整する援助など，個人と環境との関係にも働き掛ける視点を持つという点が求められる。学校内における具体的な業務としては，SSW の仕事としては，問題を抱える児童生徒と児童生徒が置かれた環境への働き掛け（ミクロへのアプローチ），学校内におけるチーム支援体制の構築，支援（メゾへのアプローチ），関係機関とのネットワークの構築，連携・調整（マクロへのアプローチ）と多岐にわたる。

　このように対置してみると，SC と SSW はそれぞれの専門性を有しながらも重なり合う業務が多い。文部科学省が提起している「チームとしての学校」構想が本格化すれば教育・心理・福祉という専門性が学校という器の中で協働することになる。学校現場での実践は，教師との協働なしには展開しない。教師と SC との協働について，増田（2013）によると「双方向性・補完性・互恵性」という要素が紹介されている。「双方向性」とは，教師との普段のインフォーマル・コミュニケーションであり，「補完性」とは，教師の持つ指導力・チーム力と SC が持つ臨床力・ファシリテーター力を子どもや学校のためにコーディネートすることである。そして「互恵性」とは互いの力を発揮することで，教師と SC としての役割感を互いに感じ合うことであるという。これらの要素は，教師と SC と SSW との協働においても不可欠である。今後，教師と SC，SSW が一つの学校の中で協働する時代が到来したときには，重なりつつも異なる専門だからこその「無意味なパワー・ストラグル」（福田，2018）を避け，教育・心理・福祉の専門性を活かしつつ，ともに学校組織の一員として教育を作り上げるという体制が目指されよう。

第9章　スクールカウンセラー

4　今後，常勤化に向けて

4-1　チームとしての学校（チーム学校）——スクールカウンセラー常勤化時代へ

「チームとしての学校（チーム学校）」が実現した際，もっとも大きな変化となるのが SC の立ち位置であろう。現状では，その多くが非常勤という勤務体系をとる SC は，常勤の教師とは異なり「外の人間」という立場にある。そして，日々の活動においては，教育者の立場とは異なる心理臨床という専門性が求められる。「外部」の立場を維持することにより，常時一緒に巻き込まれながら対応せざるをえない教師とは違って，事態の変化を客観視しやすくなるといえる。専門性が違うからこそ，また立場が違うからこそ，同じ立場からは見えなかったことが見えてくるというケースもある。

ところが，今進みつつある「チームとしての学校」構想が実現し，1人1校全校配置ということになれば，SC は「内部の人」に位置づけられるという大きなパラダイム転換になる。しかし，ここでいう**「内部性」**は「教師と同じになる」ということではない。もちろん**常勤化**することで教職員との距離は物理的には近くなるであろうし，学校職員の一員として日常をともに過ごすことになる（坂﨑，2018）。しかし，SC に求められる専門性は，心理臨床的な知識や技法であり，その点で教師が持つ教育の専門性とは異なっている。その点で常勤職になり物理的に「内部」の存在となっても，職務内容としては「外部」を保つことの意義は大きい。「内」なる立ち位置を活かしつつ，「外」（教師とは異なる）の専門性や「外」からの視点をどのように維持できるか，今後さらに問われることになるだろう。

4-2　公認心理師資格をもつスクールカウンセラーの誕生に向けて

さて，文部科学省（2018b）が SC として「公認心理師」を筆頭に掲げたように，今後，公認心理師が学校現場で SC となっていくことに大きな期待が向けられるだろう。これからの**公認心理師資格をもつ SC に期待されること**を挙げ

てみたい。

　まず一つは「チームとしての学校」という視点や立ち位置の重要性である。SCが常勤化し「内部性」を獲得する中で、「学校に渦巻く大きなエネルギーに巻き込まれることなく客観的にアセスメントする眼」や学校の内と外を往還しつつ、お客様や評論家ではなく学校教職員の一員として「内に根付けるタフさ」が求められることになる。

　そこでは、担任教師や養護教諭、そして管理職など様々な立場の教職員と連携しつつ、異なる専門性の中で自らの立ち位置を見失わないあり方が指向されるべきであろう。それに加えて、SSWをはじめとする学校内外の異なる専門職との連携（**多職種連携**）が求められることになる。対立したり同化したりするのではなく、自らの専門性をきちんと備え互いの専門性を尊重しつつ連携するあり方が重要になる。さらに、公認心理師SCが備えるべき力としてあらためて注目されるのが「**生物―心理―社会モデル**にもとづくアセスメント」であろう。この視点に立つとき、心理面だけに注目するのではなく、精神科医やSSW等との連携を持ちつつ、関係機関や家族、社会と連携・協働することが可能になる。そして、それら異なる専門性とつながるためにも、教育領域のみならず、医療・保健、福祉、司法領域が有する機能や役割に加えて、各領域の最新の関係法規に通じていることも求められる。公認心理師SCにとって法は、「適切な支援活動、臨床活動を行うための重要な基準（スタンダード）となるのである。自分の経験や技量に基づいて、それぞれの支援対象者にふさわしいと考える支援活動を行うことが望ましい」（中川，2018）と考えられる。

　これらの点は、個を大切にし、相談室という閉じられ守られた空間の中で、クライエントとの関係を大切に築いてきた臨床家においては大きなシフトチェンジとなるであろう。これまでの20余年に及ぶSC実践の歴史を経て、「チームとしての学校」体制に向かいつつある中で、公認心理師資格をもつSCが誕生するという、大きな転換点を迎えている。心理臨床活動の中で、個人との間に紡いできた関係性を、学校内外の多様な「人」や「組織」とつながるツールに改変させていく柔軟さ、学校教職員の一員として役割を果たせる責任感と誠

実さが，今後ますます求められるであろう。

> ❖考えてみよう
> スクールカウンセラーとして使えるグループ技法にはどのようなものがあるか，調べてみよう。ストレスマネジメントやソーシャルスキルトレーニングでは，具体的にどのようなことを行うのか，調べてみよう。緊急支援の方法について調べてみよう。スクールカウンセラーが行う教職員研修の内容を調べてみよう。

もっと深く，広く学びたい人への文献紹介

伊藤 美奈子・平野 直己（編）(2003). 学校臨床心理学・入門――スクールカウンセラーによる実践の知恵――　有斐閣
　☞学校における心理臨床活動の理論的枠組みだけでなく，学校現場に入って現場に根付きながら現場とともに活動できるまでを学べる実践的入門テキスト。
村山 正治・滝口 俊子（2007）. 事例に学ぶスクールカウンセリングの実際　創元社
　☞様々な学校種における多様な実践を紹介しつつ，スクールカウンセラーのあり方やその後の展開に向けての提言を含む事例集。
水野 治久・家近 早苗・石隈 利紀（編）(2018). チーム学校での効果的な援助――学校心理学の最前線――　ナカニシヤ出版
　☞「チーム学校」に向けて大きく舵を切ろうとしていく今，学校心理学理論にもとづく心理教育的援助サービスの全貌が理解できる。

引用文献

福田 憲明（2018）. スクールカウンセラーの今後の展望と課題　子どもの心と学校臨床, *19*, 16-22.
伊藤 美奈子（2000a）. 学校側から見た学校臨床心理士（スクールカウンセラー）活動の評価――全国アンケート調査の結果報告――　臨床心理士報, *11*, 21-42.
伊藤 美奈子（2000b）. スクールカウンセラーの仕事　岩波書店
伊藤 美奈子（2013）. 教育とカウンセリング　安藤 寿康・鹿毛 雅治（編）　教育心理学（pp. 227-290）慶應義塾大学出版会
教育相談等に関する調査研究協力者会議（2007）. 児童生徒の教育相談の充実について――生き生きとした子どもを育てる相談体制づくり――（報告）
教育相談等に関する調査研究協力者会議（2017）. 児童生徒の教育相談の充実に

ついて――学校の教育力を高める組織的な教育相談体制づくり――（報告）
増田　健太郎（2013）．学校臨床の現状とスクールカウンセリングの新しい展開に向けて　臨床心理学, *77*, 599-604.
文部科学省（2018a）．平成29年度児童生徒の問題行動・不登校等生徒指導上の諸課題に関する調査結果について　Retrieved from http://www.mext.go.jp/b_menu/houdou/30/10/1410392.htm（2019年3月13日閲覧）
文部科学省（2018b）．スクールカウンセラー等活用事業実施要領（一部改正）
文部科学省初等中等教育局児童生徒課（2018）．スクールカウンセラーとスクールソーシャルワーカーによる教育相談体制の充実　子どもの心と学校臨床, *19*, 10-15.
村山　正治（1998）．臨床心理士によるスクールカウンセリング　氏原　寛・村山　正治（編）　今なぜスクールカウンセラーなのか（pp.1-21）　ミネルヴァ書房
中川　利彦（2018）．法と制度を学ぶ意味　子安　増生・丹野　義彦（編）　公認心理師エッセンシャルズ（pp.84-91）　有斐閣
坂﨑　崇正（2018）．常勤スクールカウンセラーになって思うこと　子どもの心と学校臨床, *19*, 53-64.

第10章 チームとしての学校（チーム学校）とスクールカウンセラー
——心理の専門性を発揮しながら協働するための理論と方法

本田真大

> 日本にスクールカウンセラーが導入されて20年以上が経ち，学校現場に限らず日本中でスクールカウンセラーという存在が広く認知されるようになった（第9章参照）。しかし，学校の中でスクールカウンセラーが有効に機能するためには心理学の研究成果を知り，自らの技術を磨き，さらに子どもや教師，保護者，その他関係機関の専門家との間で適切にコミュニケーションをとることが不可欠である。本章ではスクールカウンセラーが用いる代表的な四つの技法（アセスメント，カウンセリング，コンサルテーションおよびチーム援助，予防開発的心理教育）を紹介し，事例を通して援助の実際を解説する。

1 チームとしての学校（チーム学校）におけるスクールカウンセラー

1-1 チームとしての学校（チーム学校）

チームとしての学校（チーム学校）とは，「校長のリーダーシップの下，カリキュラム，日々の教育活動，学校の資源が一体的にマネジメントされ，教職員や学校内の多様な人材が，それぞれの専門性を生かして能力を発揮し，子供たちに必要な資質・能力を確実に身に付けさせることができる学校」のことであり（中央教育審議会，2015），多様な専門性を持つ職員の配置を進め，教師と多様な専門性を持つ職員が一つのチームとしてそれぞれの専門性を生かして連携・分担する学校のことである。その背景の一つに，学校が抱える課題の複雑化・困難化のために心理や福祉の高い専門性が求められていることがある。

1-2 チームとしての学校（チーム学校）におけるスクールカウンセラーの役割

スクールカウンセラー（以下，SC）と**スクールソーシャルワーカー**はチーム学校における「教員以外の心理や福祉に関する専門スタッフ」に挙げられている。「スクールカウンセラーは，心理の専門家として児童生徒等へのカウンセリングや困難・ストレスへの対処方法に資する教育プログラムの実施を行うとともに，児童生徒等への対応について教職員，保護者への専門的な助言や援助，教育のカウンセリング能力等の向上を図る研修を行っている専門職である。」（中央教育審議会，2015）。

公認心理師法に定められる四つの行為（第2条）は「心理に関する支援を要する者の心理状態を観察し，その結果を分析すること」，「心理に関する支援を要する者に対し，その心理に関する相談に応じ，助言，指導その他の援助を行うこと」，「心理に関する支援を要する者の関係者に対し，その相談に応じ，助言，指導その他の援助を行うこと」，「心の健康に関する知識の普及を図るための教育及び情報の提供を行うこと」である。これらはそれぞれSCが行う代表的な技法である，**アセスメント**，**カウンセリング**，**コンサルテーション**，**予防開発的心理教育**，と対応する。これらに加えて，SCには事件・事故が生じた際の**緊急支援**や，災害に被災した学校での支援も求められる。今後の学校はチーム学校として今まで以上に多様な専門スタッフと一緒に子どもへの指導・援助を行うことになる。本章で紹介する諸技法はスクールカウンセラーとして「チームとしての学校」の実現をめざすうえで不可欠である。

2　スクールカウンセラーとしての公認心理師の技法

2-1　アセスメント

アセスメントとは，「臨床心理学的援助を必要とする事例（個人または事態）について，その人格や状況および規定因に関する情報を系統的に収集，分析し，その結果を総合して事例への介入方針を決定するための作業仮説を生成する過

程」のことであり（下山，2003），学校教育においては，子どもの困難な状況に関する情報を収集・分析し，指導・援助の計画を立てる「過程（プロセス）」を意味する。アセスメントは指導・援助の経過中にたえず行われ，対象者の理解が随時更新されていくが，とくに必要になるのは「気づく」，「深める」，「確かめる」の三つの場面である（本田，2018）。

　学校生活で大きな困難を抱え始めた子どもを早期に「気づく」と，困難な状況が大きくなる前に指導・援助でき，結果的に子どもへの負担が小さくなる。また，困っていたり相談したいと思っていても自ら相談しない者も少なくないため（本田，2015a），SCは相談されるのを待つだけでなく，相談できなかったり相談をためらったりする心理に細やかに気づけることが重要である。

　困難な状況にいる子どもに気づいた後には，その子どもに関する情報を収集・分析し，子どもの理解を「深める」。ここではとくに二つの点が重要となる。第一に，**生物―心理―社会モデル**を念頭に置いてアセスメントすることである。学校では生物の側面の情報は把握していない場合もある反面，心理，社会の側面の情報は多く得られやすい。まずは学校で得られやすい情報を得た上で，生物―心理―社会モデルに沿って不足している情報を明確にし，必要な情報の収集に努めるとよい。もう1点は教師や保護者，子どもがつながっている関係機関の援助者（医師，児童福祉施設職員など）と協働しながらアセスメントすることである。とくに子どもに当該支援に係る主治の医師がいる場合にはその指示を受けなければならない（公認心理師法第42条第2項）。

　そして，ここまでのアセスメントにもとづいた指導・援助を教師と協働しながら行った後，その結果を「確かめる」。そのためには指導・援助の前の状態と後の状態を比較できる情報（データ）を集める必要があり，SCには事例に即して観察・比較可能な情報（データ）は何か，どのように収集・蓄積するかを見通して多職種での指導・援助を展開する必要がある。

2-2　アセスメントの方法

　学校で活用しやすいアセスメントの代表的な方法には調査法，観察法，面接

法がある。**調査法**とは子ども本人や関係者からの聞き取り（他者評価）として調査に回答してもらうことで情報を収集する方法である。とくに**知能検査**は医療機関などで実施され，保護者が結果を学校に開示して子どもへの適切な指導・援助を求めることがある。そのため，検査結果や報告書（所見）を適切に読み取り，個に応じた具体的な指導・援助に活用できることが求められる。代表的な知能検査には，**WISC-IV**（適用年齢：5歳0か月～16歳11か月）や**田中ビネー知能検査V**（適用年齢：2歳～成人）があり，認知スタイルの測定には**KABC-II**（適用年齢：2歳6か月～18歳11か月）が用いられる。また，学校・学級集団での実施に特化した質問紙である**Hyper-QU**（小学校1年生～高校3年生対象）は個人の学級の居心地のよさ，学校生活への意欲，ソーシャルスキルを測定し，かつ，学級集団全体の特徴を把握できる。

　観察法とは複数の明確な視点をもって観察し情報収集する方法であり，観察の場面や目的に応じて対象者と直接かかわりながら観察したり，第三者的立場から観察したりする（文部科学省，2010）。観察する対象には日常生活場面の行動（運動能力，自己表現など）や製作物（子どもの絵や作文），日記などが挙げられる（石隈，1999；文部科学省，2010）。

　面接法には対象者への面接や他者（保護者など）への面接などがある（石隈，1999）。面接法を用いる場合は落ち着いて話せる場所（相談室など）で面接の目的や守秘義務について伝えること，**ラポール**（カウンセリングにおける信頼関係）を形成するために傾聴すること，様々なカウンセリング技法を用いながら面接を進めること，話された情報のみでなく言外の情報（話し方，表情，身振りなど）にも注意を払うことなどに留意すべきである（文部科学省，2010）。

　学校でのアセスメントは子どもに関する多くの情報が得られるが，情報を整理する工夫がなければ活用されない（伊藤，2018）。様々な情報を整理・統合する理論や方法には，前述の生物―心理―社会モデルのほか，本田（2017，2018）は学校心理学（生活軸），発達心理学（時間軸），臨床心理学（健康軸）の3点から理解する**多面的理解モデル**を紹介している（図10-1）。また，学校心理学では子どもの問題状況や自助資源を5領域（学習面，心理面，社会面，進路面，健

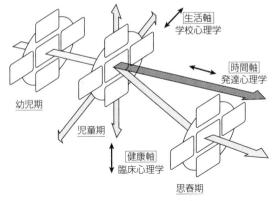

図10-1　多面的理解モデル
(出所) 本田 (2017)

康面) から捉え，各領域のよいところ，援助が必要なところ，これまでの援助とその結果の3点から情報を共有・整理し，今後の援助方針（子どもにどうなってほしいか）とそれに即した具体的な援助案（誰が何をいつからいつまで行うか）を立案する（石隈, 1999；石隈・田村, 2003）。

2-3　カウンセリング

カウンセリングとは「カウンセラーあるいはそれに準じる専門家による問題解決の援助をめざした面接」のことであるが，学校心理学ではより広いものとして，「教師やカウンセラーによる，子どもへの直接的な援助的関わり」ととらえる（石隈, 1999）。学習指導要領（文部科学省, 2017）の中では「**ガイダンス**」と「**カウンセリング**」という言葉で発達の支援について記載されており，公認心理師が学校で働く際には学校ならではの「カウンセリング」という用語の使い方を知る必要がある。

広い意味でのカウンセリングには本来の意味での問題解決や治療の目的の他に，開発的，予防的な目的がある。**開発的カウンセリング**は問題行動や不適応状態を呈していない子どもも含めたすべての子どもの個性の伸長や発達の援助を志向し教育成果をより高く獲得できるように支援すること，子どもの能力を

現在よりも高めて学校生活をより意欲的に送れるように支援することなどを目的とする（河村，2012）。開発的カウンセリングはすべての子どもを対象とした集団対象の教育活動であり（石隈，1999），心の健康教育として行われる予防開発的心理教育（石隈，2016）も開発的カウンセリングとの重なりが大きいと言えよう。**予防的カウンセリング**では開発的カウンセリングだけでは解決されなかった一部の子ども（登校渋り，学習意欲の低下，友人をつくりにくいなど）を対象に問題状況が大きくなりすぎることを防ぎ，問題解決的（治療的）カウンセリングはチーム援助を中心に行われる（中井，2017）。

2-4　コンサルテーション

　教育・学校領域における**コンサルテーション**とは，異なった専門性（教師とSCなど）や役割（管理職の教師と担任教師など）をもつ者同士が子どもの問題状況について検討し今後の援助の在り方について話し合うプロセスのことである（石隈，1999）。コンサルテーションを受ける側を**コンサルタント**，求める側を**コンサルティ**と呼ぶ。コンサルテーションの特徴は以下である（石隈，1999）。まず，コンサルタントと援助対象者（子ども）の関係は教師（コンサルティ）を介した間接的なものになる。コンサルテーションではコンサルタントは子どもを間接的に援助するとともに，コンサルティの援助能力の向上を目的とする。さらに，コンサルテーションにおけるコンサルタントとコンサルティの関係は上下関係ではなく対等な関係である。コンサルタントが提案した援助方法を実際に行うかどうかはコンサルティの自主性に任され，コンサルタントには自主性を保障するような働きかけが求められる。

　学校でのコンサルテーションの方法として，**行動コンサルテーション**は特別支援教育において多くの実践が紹介されている（たとえば，加藤・大石，2004）。石隈（1999）は学校で行われるコンサルテーションを三つに分類している。**問題解決型コンサルテーション**とは特定の子どもの援助に関するコンサルテーションである（図10-2）。**研修型コンサルテーション**は教師や保護者の援助能力向上を主たる目的とした研修会（「不登校の理解」「思春期の親子関係」など）を

第10章 チームとしての学校(チーム学校)とスクールカウンセラー

| 協力関係作り | 援助を求めた熱意と積極性を受容し，話し合いの目的を確認する。コンサルティを尊重する姿勢を示すとともに守秘義務の取扱いについて確認する。 |

↓

| 問題状況の定義 仮の目標設定 | 行動レベルで問題点を明確にすることで問題状況を把握し，コンサルティが行ってきた援助について検討する。この時点での「仮の」目標を設定する。 |

↓

| 問題状況のアセスメント | 問題状況について，(1) 良いところ，(2) 気になる(援助が必要な)ところ，(3) これまでの援助とその結果，を含めてアセスメントする。 |

↓

| 目標決定 問題解決案の検討・選択 | 問題解決の目標を再設定する(「仮の」目標と異なってもよい)。解決策を自由に案出しながら，解決策を実施した際の結果を予想しておく。 |

↓

| 問題解決案の実践・評価・フォローアップ | 予定された期間，解決策を実施し，援助の目標に沿って解決策を評価する。必要に応じて新たな解決策を検討する。 |

図10-2 問題解決型のコンサルテーションの一般的な流れ
(出所) 石隈 (1999) をもとに作成 (本田 (2017) より転載)

企画したりその講師を務めたりすることである。**システム介入型コンサルテーション**は特定の事例への援助において学校組織への援助的介入が求められる際のコンサルテーションである。たとえば「保健室を利用する子どもが増えて養護教諭が対応に苦慮している」，「学校がとても荒れており教師と子どもの信頼関係がつくれない」，などの問題状況において個別の子どものみを対象とするというよりも学校全体のシステムを変える助言を行うことである。

2-5 相互コンサルテーションとしてのチーム援助

問題解決型コンサルテーションでは1回の話し合いの中でコンサルタントとコンサルティが入れ替わったり，コンサルタントが子どもへの直接的な援助も同時に行ったり，保護者を含めた話し合いが行われたりする。石隈 (1999) はこのような話し合いを**相互コンサルテーション**と呼び，代表的な形態に**チーム援助**がある。チーム援助とは「複数の援助者が，共通の目標を持って，役割分

担をしながら子どもの援助に当たること」であり，ある子どもに対して一緒に援助を行う人たちの集まりを「**援助チーム**」と呼ぶ（石隈・田村，2003）。援助チームの目的は学校生活における子どもの様々な問題状況を解決する援助と発達の促進を複数の援助者で行うことであり，援助チームでの話し合いの中で子どもの援助ニーズ，自助資源（強いところや潜在能力など），援助資源（学校・家庭・地域にいる助けになる人や機関など）をアセスメントし，援助チーム構成員が実行可能な援助の案を作り，実施し，次の機会に評価する。話し合いの参加者同士をつなぐ役割の人を**コーディネーター**と呼び，教育相談担当，学年主任，生徒指導担当，養護教諭，特別支援教育担当，SC などがその役を担う（石隈・田村，2003）。

2-6　予防開発的心理教育

　予防開発的心理教育とは「すべての国民を対象として，心の健康に関する知識・スキルを教育することを通して心の健康を維持発展させる力を高めるとともに，人生で起こりやすい課題や危機を予測し，準備することを支援する行為」のことである（石隈，2016）。予防開発的心理教育の具体的な方法には**ソーシャルスキルトレーニング（ソーシャルスキル教育），ストレスマネジメント教育**などの**生徒指導提要**（文部科学省，2010）に記載されている 8 種類の「教育相談に活用できる新たな手法等」や，**いじめ未然防止**，**自殺予防教育**など特定の問題状況に特化した方法がある。予防開発的心理教育を行うには，スタート（学級集団の実態）とゴール（担任教師の学級経営の目標や子どもたちへの願い，心理教育の目的）をアセスメントし，適切なアプローチ（開発的アプローチの諸技法）を選択した上でカスタマイズ（学級集団の実態や，とくにニーズの高い子どもに合わせた修正）を行うことが重要である（本田，2015b）。SC は予防開発的心理教育の技法を学ぶのみでなく，実施のためのアセスメントが的確にできることが求められる。

3 スクールカウンセラーによる援助の実際

　学校では，アセスメント，カウンセリング，コンサルテーション，予防開発的心理教育という四つの技法を適宜並行しながら SC の援助が展開する。その様子をチーム援助の架空事例を通して見てみよう。

3-1 　一時的な危機状況の早期発見と援助チームの形成

　中学 2 年生女子のAさん。欠席はしないものの，先週から保健室利用が増えて，授業を休んで保健室に来る日もある。保健室でAさんは「疲れた」「お腹が痛い」「何もやる気がしない」と言うくらいで言葉少なく，養護教諭が事情を聞いても下を向いて話さない。Aさんは 1 年生のときに SC のカウンセリングを利用していた時期があり，そのときにも保健室に来ることが多くなっていた。そのため，養護教諭は「今回も何か話せない悩みがあるのではないか」と考えていた。心療内科や精神科への通院歴はない。養護教諭はAさんの担任教師と SC に声をかけてAさんについての話し合いを行った（援助チームの形成）。SC は収集した情報を次のように整理した。

問題状況

　身体症状を訴えて保健室に繰り返し来るが，本人が何に困っているのかは明言していない。

情報の整理（アセスメント）

　学校心理学の 5 領域（石隈，1999）に沿ってよいところと気になるところの情報を整理した。学習面については，成績は全教科とも平均的であるが授業時のグループ活動でほとんど話さない。心理面については，大人しく真面目である。社会面については，高校生の姉ととても仲がよく，美術部に所属し仲のよい友人が 2 名いる。仲のよい友人以外とは授業時も休み時間もあまり話さない。進路面について，姉と同じ地元の公立高校に進学し美術部に入ることを希望している。健康面について，遅刻や欠席はほとんどないが，悩みごとを話さず身

体症状を訴える点が気になるところである。

援助方針と援助案

これらの情報から援助方針は「Aさんが安心して学校生活を過ごせるようになること」とし援助案を次のようにした。そして、1週間後のSCの勤務日に2回目の話し合い（チーム援助会議）を持つこととした。

・養護教諭：学校内で安心できる場が保健室であるため、Aさんが保健室に来たときには本人の訴えること（身体面の症状）を中心にかかわる（「悩みが何かあるだろう」と思っても深く聞き出さない）。
・担任教師：授業時や休み時間にAさんが安心して過ごせているか、友人関係やAさんの表情を中心に観察する。AさんにSCとのカウンセリングを勧める。保護者に連絡し家庭でのAさんの様子を聞く。
・SC：次回勤務日（翌週）にカウンセリングを行い、困りごとや気持ちを話せるようにする。

3-2 チーム援助開始から1週間後の状況

この1週間、Aさんは保健室に3回来たが悩み事は話さなかったので養護教諭は身体面のケアをした。表情は先週よりも明るくなってきたようである。担任教師の観察では、休み時間等の友人関係に不安や負担を感じている様子はなく、むしろAさんの調子が悪そうなことを心配して声をかける生徒もいた。「授業中に保健室で休むことが続いていることを保護者に伝える」とAさんにことわったうえで、担任教師がAさんの保護者（母親）に最近のAさんの心配な様子を電話で伝えたところ、母親は驚いた様子であり、「実は姉が最近高校を休みだして、姉の方ばかり心配して私たち親も落ち着かないんです。Aのことを全然気にしていなかったので、家でAと話してみます」と言われた。その後、担任教師がAさんの呼び出し面談をした際に「お姉ちゃんが高校でいじめを受けて学校を休んでいる」「先週は、親も知らなくて私にだけ話してお姉ちゃんは泣いていた。でも、日曜日にお姉ちゃんが親に話して、親から高校の先生に話したから、何とかなりそう」という話があった。SCとのカウンセリン

グを勧めたところ本人が希望したため、その日の放課後にカウンセリングの予約を入れた。

SCは援助方針に沿った養護教諭と担任教師の援助をねぎらい、新たに得られた情報から、「もともと不安を抱えやすいAさんが姉の高校でのいじめ被害という危機状況に動揺し、心身の不調を訴えて保健室に来るのであろう。Aさんは他人の苦しさを感じ取って自分も体調を崩すほど苦しくなるのかもしれない」、「Aさん自身は心身の不調の原因はわかっていたがそのこと（姉の高校でのいじめ被害）を中学校の先生に話すことをためらい、聞いても答えなかったのであろう」というAさんについての理解を伝え三者で共有した。

3-3 カウンセリングと2回目のチーム援助会議

Aさんは1年生のときにもSCとカウンセリングを行っていたこともあり、最初から打ち解けた雰囲気で話した。そして担任に話した内容をSCにも話し、「お姉ちゃんのことは高校の先生が何とかすること」「私が落ち込んだら、お姉ちゃんが自分を責めると思う。それはお姉ちゃんがもっとつらくなるから、私も頑張る」と言う。SCが〈頑張って学校で過ごす自分って、何をしている？〉と聞くと、「……1年生のときもだけど、何か嫌なことがあると他のことも全部嫌になって、静かなところ（保健室）で休みたくなる。だから頑張って、お姉ちゃんのことが心配だったり、面倒なことがあったりしても、私は教室で勉強しているってかんじ」と具体的なイメージを話す。〈投げ出さないってこと？〉「そう！　それですね」〈Aさんが学校でそんな風に過ごせるように、私もあなたと一緒に取り組みたい〉と伝えた。最後にその日の話を担任、養護教諭、母親に伝えてよいとの了承を得て、次回のカウンセリングの予約をしてこの日のカウンセリングを終えた。

カウンセリング後の情報共有と援助方針

SCから担任教師と養護教諭にカウンセリングの概要を伝え、この1週間でAさんが元気になってきたことを一緒に喜んだ。しかし、姉の高校でのいじめ被害やそれによる欠席が引き続きAさんの心身に影響する可能性があるため、

Aさんへの援助方針（「Aさんが安心して学校生活を過ごせるようになること」）は継続し，担任教師，養護教諭，SC，母親の四者でAさんへの援助を続けることにした。そして，翌週までの援助案を次のように確認した。

援助案
- 養護教諭：保健室に来た際に身体面のケアをしながら，Aさんなりに頑張っていることを聞いて認めたりほめたりする。
- 担任教師：Aさんの教室での様子から無理しすぎていないか観察する。母親にカウンセリングの概要とAさんが先週より元気になってきたことを伝えて安心してもらう。母親もSCに相談したいことがあればいつでも予約してほしいことを伝える。
- SC：次回勤務日にAさんのカウンセリングを行い，情報共有する。
- 母親：Aさんが学校で頑張ろうとするため，家では静かに休める時間と場所を保障したり，Aさんの学校生活の様子を聞いたりする（この援助案は担任から母親に電話で提案し，合意が得られたら実行してもらう）。

3-4　チーム援助開始から2週間後の状況とチーム援助の終結

次の1週間，Aさんは保健室に2回来た。1回目は授業中に来たが自分から養護教諭に姉のことを話した。2回目は昼休みに来て，授業が始まる直前に教室に戻って授業を受けた。担任教師の観察から，教室ではAさんは以前のように過ごすだけでなく，Aさんのことを心配して声をかけてくれた女子生徒ともよく話すようになった。また，担任教師が母親にAさんの様子を伝えると母親も安心したようであり，「姉の件も解決に向けて動いている。Aも影響を受けやすかったり打たれ弱かったりするところがあるので，少し落ち着いたらAのことでSCの先生のカウンセリングを予約したい」と言っていた。

放課後の2回目のカウンセリングでは，Aさんから身体の不調が軽くなり授業にも集中できていること，高校の先生が家に来て姉と両親と話し，姉が登校しはじめたこと，姉から「私が一番つらいときにAが支えてくれて，そのAも頑張っているんだから，私も前に進む」と言われたのが嬉しかったこと，など

が語られた。〈お姉さんとAさんと，2人いるから支え合って頑張れるんだね〉と伝え，今後のカウンセリングについて聞くと「お姉ちゃんのことも解決しそうだし，もう大丈夫だと思います。またお腹痛くなったらカウンセリングに来ます」と言うので，この日でカウンセリングを終結とした。

カウンセリング後の情報共有

養護教諭，担任教師とSCでカウンセリングの概要と終結を確認した。姉の高校でのいじめ被害も解決に向けて動いていることと，Aさんの学校生活の様子が前のように戻りつつあること，さらにAさんが以前よりも担任教師，養護教諭，母親，SCに困りごとを話しやすくなったようであることを踏まえ，援助方針の「Aさんが安心して学校生活を過ごせるようになること」が達成されたと判断し，チーム援助を終結とした。

その後，担任教師は「Aさんはよいきっかけがあればもっとクラスの女子と打ち解けて話せると思う。学級活動の時間に人間関係づくりの活動をしたいので，Aさんも参加しやすいプログラムを考えたい」と依頼があり，SCと担任教師で学級の実態に合った予防開発的心理教育を検討した。

3-5 事例の解説

養護教諭による早期の気づきから援助チームを形成した事例である。迅速な援助が始まったのはAさんの1年生時の様子から，養護教諭と担任教師に「このままではAさんの学校生活が大きく崩れる恐れがある」という危機感が共有されたためであろう。そして援助が奏功した要因の一つに母親との連携と協力がある。SCは保護者の相談や助言を直接行うこともあるが，この事例のように担任教師を介して間接的に保護者とかかわる機会も多く，保護者への共感的な理解をしながら子どもの援助のために協力する関係づくりを進めたい。

> ❖考えてみよう
> 　中学3年生のある男子が，学校内で窃盗事件を起こし，学校の指導でスクールカウンセラーと面接した。両親は離婚しており，二人暮らしの実父とは関係が悪く居場所がないことなど，自分から家庭の事情を素直に話した。スクールカウンセラーが週1回の面接を打診したところ，彼は快諾した。しかし，翌週は相談室に来ず，担任の話では，「あんな面接には二度と行かない」と話したという。あなたがスクールカウンセラーなら，どのように対応するだろうか。本人の心理状態，本人への援助，保護者への対応，学校内での協議それぞれについて考えてみよう。
> 　（第1回公認心理師試験（平成30年9月9日実施分）問題・問71を一部改変）

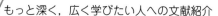もっと深く，広く学びたい人への文献紹介

半田　一郎（2017）．一瞬でよい変化を起こす10秒・30秒・3分カウンセリング——すべての教師とスクールカウンセラーのために——　ほんの森出版
　☞学校でのカウンセリングの実際の様子が多数書かれている。

水野　治久・家近　早苗・石隈　利紀（編）（2018）．チーム学校での効果的な援助——学校心理学の最前線——　ナカニシヤ出版
　☞開発的，予防的，問題解決的な援助について詳しく紹介されている。

引用文献

中央教育審議会（2015）．チームとしての学校の在り方と今後の改善方策について（答申）　Retrieved from http://www.mext.go.jp/b_menu/shingi/chukyo/chukyo0/toushin/__icsFiles/afieldfile/2016/02/05/1365657_00.pdf（2017年4月11日閲覧）

本田　真大（2015a）．援助要請のカウンセリング——「助けて」と言えない子どもと親への援助——　金子書房

本田　真大（2015b）．特別支援教育における教師とスクールカウンセラーとの協働　指導と評価，2015年5月号，36-38.

本田　真大（2017）．生徒理解のための心理学——理論と実際の双方向からの多面的理解——　藤田　哲也（監修）水野　治久・本田　真大・串崎　真志（編著）絶対役立つ教育相談——学校現場の今に向き合う——（pp.11-22）　ミネルヴァ書房

本田　真大（2018）．アセスメント　渡辺　弥生・西山　久子（編著）必携　生徒指導と教育相談——生徒理解，キャリア教育，そして学校危機予防まで——（pp.103-107）　北樹出版

石隈 利紀（1999）．学校心理学——教師・スクールカウンセラー・保護者のチームによる心理教育的援助サービス——　誠信書房
石隈 利紀（2016）．予防開発的心理教育を学ぶ　野島 一彦（編）　公認心理師への期待（pp. 66-72）　日本評論社
石隈 利紀・田村 節子（2003）．石隈・田村式援助シートによるチーム援助入門　学校心理学・実践編　図書文化社
伊藤 亜矢子（2018）．学校で見立てる，学校を見立てる　子どもの心と学校臨床，*18*, 3-10.
加藤 哲文・大石 幸二（編著）（2004）．特別支援教育を支える行動コンサルテーション　学苑社
河村 茂雄（2012）．教育相談とは　河村 茂雄（編著）　教育相談の理論と実際（pp. 10-19）　図書文化社
文部科学省（2010）．生徒指導提要
文部科学省（2017）．小学校学習指導要領（平成29年告示）解説　総則編
中井 大介（2017）．カウンセリング——信頼関係を築き，子どもを援助する方法——　藤田 哲也（監修）水野 治久・本田 真大・串崎 真志（編著）　絶対役立つ教育相談——学校現場の今に向き合う——（pp. 39-51）　ミネルヴァ書房
下山 晴彦（2003）．アセスメントとは何か　下山 晴彦（編）　よくわかる臨床心理学（pp. 34-35）　ミネルヴァ書房

第11章　大学における学生相談
——大学コミュニティで活躍するカウンセラーを目指して

木村真人

> 大学に入学する学生の多様化とともに学生の援助・支援ニーズも多様化している。大学の学生相談は，専門的な学生支援の役割を担う活動として，その重要性が認識されてきている。学生相談は個別の心理カウンセリングによる学生の成長発達支援が中心に位置づけられるが，それだけでは，学生および大学教職員のニーズに応えることはできない。本章では，現代の大学の学生相談に求められる使命と役割を確認し，学生相談現場でカウンセラー等として働く公認心理師にはどのような知識とスキルと心構えが必要なのかを具体的に述べる。

1　大学における学生相談の役割と使命

1-1　現代の大学を取り巻く状況と学生相談が直面する課題

　読者は，「**大学の学生相談**」にどのようなイメージを持っているだろうか。全国の8割を超える大学には，学生の相談に応じる独自の組織が存在し，臨床心理士や大学カウンセラーといった専門のカウンセラーも全国の89.5％の大学で配置されている（日本学生支援機構，2018a）。したがって，読者が卒業した大学や現在在籍する大学にも，学生相談機関や学生相談の業務に従事するカウンセラーが存在する可能性が高く，心理職が働く身近な領域の一つのはずであるが，大学の学生相談がどのような役割を担い，具体的にどのような業務や活動を行っているかご存じだろうか。

　わが国の18歳人口が減少する一方で，高等学校卒業者の高等教育機関への進

学率は年々上昇している。そのことは，入学する学生の多様化，そして学生の支援ニーズの多様化にもつながり，その結果，学生相談機関に来室する学生数の増加という量的な面への影響とともに，質的な面での学生相談への影響・課題としても現れている。事実，学生相談に関する今後の必要性の高い課題として，「悩みを抱えていながら相談に来ない学生への対応」，「精神的危機の状況にある学生への対応」，「複雑かつ多様な相談内容への対応」，「相談員と教職員との連携・協働」といった課題が上位に挙がっている（日本学生支援機構，2018a）。もし，読者が学生相談の活動に対して「一部の深刻な悩みを抱える学生に対して，個別のカウンセリング<u>のみ</u>を提供する」というイメージを持たれているならば，そのイメージは，現代の学生相談の実態には即していないかもしれない。

1-2　学生相談に求められる役割と使命

　では，現代の大学の学生相談に求められる役割と使命とは何であろうか。日本学生相談学会が公開する「**学生相談機関ガイドライン**」（日本学生相談学会，2013）には，学生相談の使命として，「学生相談は，高等教育機関の教育的使命の達成にとって必要不可欠な要素である。固有の専門性とさまざまな方法で，その使命の達成を担う」と示されている。つまり，学生相談機関およびそこに勤務するカウンセラーの使命は，学生相談学の専門性を基に，高等教育機関の教育的使命を達成することといえる。大学における学生相談・学生支援体制の望ましいあり方を検討した報告書においても，学生相談を「**教育の一環**」として位置づける方向性が示された（日本学生支援機構，2007）。つまり，大学の学生相談の役割・使命として，学生の人間形成に資する教育的・発達促進的な観点に重点が置かれているといえる。この点を踏まえれば，大学の学生相談が対象とするのは，深刻な悩みや精神的な病理を抱える一部の学生だけではなく，在籍するすべての学生が対象となる。

　さらには，大学における学生相談体制として「**連携・協働**」が欠かせない。前述のように，教育の一環として多様なニーズを抱える学生を支えていくため

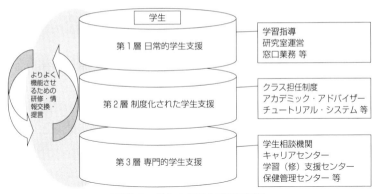

図11-1　学生支援の3階層モデル
(出所) 日本学生支援機構 (2007)

には，大学全体の学生支援力を強化していく必要があり，その実現に向けた「**学生支援の3階層モデル**」(図11-1) による総合的な学生支援体制が提案されている (日本学生支援機構, 2007)。学生支援の3階層モデルでは，大学全体での学生支援として，三つの階層による学生支援が連携・協働しながら，各大学の個性・特性を生かした体制作りを目指す。3階層モデルの第1層は，日常的な学生とのかかわりから自然な形で学生の成長支援を担う教員による指導や，各部署の職員による窓口業務などの「**日常的学生支援**」である。第2層は，クラス担任制やチューター制度，なんでも相談窓口などの教職員による活動や，学生によるピア・サポートといった「**制度化された学生支援**」である。第3層は，学生相談機関をはじめ，保健管理センター，キャリアセンター，学習支援センターなどの専門機関による「**専門的学生支援**」である。これらの各階層が連携・協働し，大学全体が学生を支援していくことになる。

以上のように，学生相談およびそのカウンセラーは，大学コミュニティの一員として，大学としての使命と役割，そして学生相談機関に求められる役割や使命をつねに意識し，活動することが求められる。さらには，学生相談機関にかかわる物理的な環境 (相談室の場所や部屋の構造など)，組織の位置づけ (独立した組織か，学生部等の組織の一部署として位置づけられるのか)，雇用条件 (常勤か非常勤か等) といった様々な条件や制約も存在するため，そのような条

件・制限がある中で，求められる役割と使命をいかに達成するかを，つねに考え続けていかなければならない。

次節では，学生相談機関のカウンセラーとしての公認心理師の業務と役割について具体的に紹介する。

2　学生相談機関のカウンセラーとしての公認心理師の業務と役割

2-1　学生を対象とした活動（個別相談）

在学する学生を対象とした個別相談は，学生相談における公認心理師の中心業務の一つである。**エリクソン（Erikson, E. H.）のライフサイクル理論**（Erikson, 1959 小比木訳 1973）においては，大学生はライフサイクル中の青年期に該当し，「アイデンティティの確立」という発達課題に直面する。このアイデンティティにまつわる悩みや混乱により学生相談に訪れる学生も少なくない。しかし，学生を対象とした相談・支援においては，学生相談特有の大学生の理解が求められる。鶴田（2001）は，**学生生活サイクル**による学生理解の視点を提案した（表11-1）。学生生活サイクルでは，学生生活を，入学から卒業までの時間軸の中で，入学期（1年生）・中間期（2～3年生）・卒業期（4年生）・大学院学生期という時期に区切り，各時期の学生の心理学的特徴や学生が直面する課題が示されている。したがって，相談場面で目の前の学生から，これらの課題が直接語られることがなくても，各時期の学生の心理学的特徴や学生が直面しやすい課題を把握しておくことで，より有意義な「見立て」にもつながるだろう。

学生相談機関には多種多様な相談や悩みが持ち込まれるため，初回面接や**インテーク面接**[1]での「見立て」が重要となる。ときには，「なぜ学生相談機関を訪ねてきたのだろう？」と疑問に思うケースもあるかもしれない。たとえば，

➡1　インテーク面接：相談者に対して，より有効な援助を行っていくための見立てと方針を立てることを目的に，相談者や相談者が抱える悩み等について情報収集やアセスメントを行う面接。受理面接とも言う。

表 11-1　学生生活サイクルの特徴

	入学期	中間期	卒業期	大学院学生期
来談学生が語った主題	・移行に伴う問題 ・入学以前から抱えてきた問題	・無気力,スランプ ・生きがい ・対人関係をめぐる問題	・卒業を前に未解決な問題に取り組む ・卒業前の混乱	・研究生活への達成感 ・能力への疑問 ・研究室での対人関係 ・指導教官との関係
学生の課題	・学生生活への移行 ・今までの生活からの分離 ・新しい生活の開始	・学生生活の展開 ・自分らしさの探求 ・中だるみ ・現実生活と内面の統合	・学生生活の終了 ・社会生活への移行 ・青年期後期の節目 ・現実生活の課題を通して内面を整理	・研究者・技術者としての自己形成
心理学的特徴	・自由の中での自己決定 ・学生の側からの学生生活へのオリエンテーション ・高揚と落ち込み	・あいまいさの中での深まり ・親密な横関係	・もうひとつの卒業論文 ・将来への準備	・職業人への移行 ・自信と不安

(出所) 鶴田 (2001)

「休学の手続きはどこでしたらいいですか」と学生が学生相談機関を訪れたとする。それに対して，この相談は事務的な手続きに関することだから，「教務の事務窓口に行ってください」と，その悩みに対応する適切な部署を紹介するという「事務的に」対処する選択肢もあるだろう。しかし，こういった場合には，すぐに答えを出さずに，まずは学生の質問や語ることを一通り聴くことが大事である (河合, 1998)。そうすると，「じつは，指導教員の先生に相談したいのですが，相談しづらくて。いま，指導教員の先生とうまくいっていないです……」，「じつは，本当は休学したくないんです。勉強したいんですけど，教室に入ろうとすると，心臓がバクバクして，どうしても教室に入れなくて……」など，学生が本当に相談したかった悩みが語られることもある。

学生との初回の出会いを大切にし，学生が学生相談機関に来室した動機や目的，病態水準や本人の心理的健康度，学生の持つ強みやリソース，今後活用できそうな学内外のリソースなど，多様な視点から「見立て」，今後の方針を立てる能力を身につける必要がある。

2-2 学生を対象とした個別相談以外の活動

学生を対象とした活動は，個別の相談・カウンセリングだけではない。個別相談以外の学生を対象とした活動には，「**居場所による援助活動**」，「**スクリーニング調査**」，「**心理教育的ワークショップ**」などがあげられる（岩田・林・佐藤・奥野，2016）。

高校までと違い，大学では定まった自分の教室・クラスがあるわけではなく，大学内での居場所をみつけられずに，不適応や不登校に至ることもある。そこで，学内の居場所作りをねらいに，学生相談機関内にフリースペースや談話室などを設置している大学もある。学生相談機関を物理的にも心理的にも居場所として利用することで，学内の安心できる場や安全基地として大学への適応への足がかりとしたり，他の学生とのゆるやかな人間関係を築いたり，個別面接につながるまでの準備期間として活用されたりする。

また，予防的な活動として，入学時のスクリーニング調査や呼出面接があげられる。全国大学保健管理協会が作成した大学生の精神的健康度を測定するUPI（University Personality Inventory）や，発達障害に関連する困り感を測定する**発達障害関連困り感質問紙**（高橋他，2015），各大学独自の調査票などが用いられることが多い。リスクが高いと判断される学生で面談を希望する学生や，結果のフィードバックを希望する学生，スクリーニング調査の結果とは関係なしに相談希望の学生に対しては，面談を実施する。この入学時のスクリーニング調査や面談実施には，リスクの高い学生の早期発見・早期支援という役割ももちろんあるが，ねらいはそれだけにとどまらない。期待を胸に大学に入学した時点では，悩みや問題を抱えていたとしても，本人は相談の必要性を感じていない場合や，相談することに抵抗を感じている場合も少なくない。しかし，スクリーニング調査をきっかけとして，一度学生相談機関に来室し，実際にカウンセラーとの面談を経験することで，その後，悩みや問題を抱えた場合に，学生相談機関を利用しやすくなる，学生相談機関が相談相手の選択肢の一つとなるというメリットがある。したがって，スクリーニング調査，その結果にもとづく面接では，その後の学生相談機関の利用しやすさにつながることを意識

した対応も心がけたい。

　学生が直面する課題に対して，心理教育的な形でのアプローチも必要である。学生相談活動の対象は，深刻な悩みを抱える一部の学生だけではなく，在籍するすべての学生が対象となる。個別相談では利用のハードルが高くても，セミナーや研修会などは学生にとって敷居が低く感じられたり，友だちと一緒に参加できたりするなど，参加しやすいと考えられる。また，講義の時間を利用して，自身の問題に自分で対処するための**セルフヘルプの方法（ストレスマネジメント**など）を学生相談機関のスタッフが伝えたり，大学生に特有の悩みや問題，その対処方法についての**心理教育的プログラム**を提供したりするなどの実践も数多く報告されている（たとえば，池田・吉武，2005）。

2-3　教職員を対象とした活動

　学生の相談・支援にあたるのは，専門的な相談機関である学生相談機関のカウンセラーだけではない。先に学生支援の3階層モデルで説明したように，日常的支援・制度化された支援・専門的な支援の3階層の支援が連携・協働して学生を支援している。大学教職員がそのような日常的な支援や制度化された支援において，学生対応での困難を抱えた場合に，学生相談機関のカウンセラーはその専門家の立場から，教職員と一緒によりよい支援の方法を考え，助言を行うことで，間接的に学生を支援する（**コンサルテーション**）。さらには，大学コミュニティ全体の学生支援力を高めるために，学内の多様な援助資源を有効に機能させる活動も重要である。そのような活動の一つとしては，大学教職員を対象とした，学生理解や学生支援に関する研修会の実施が挙げられる。日頃の大学教職員とのやりとりを通じて，大学コミュニティ全体としてニーズや関心の高いテーマを選ぶ必要があるだろう。

2-4　大学コミュニティを対象とした活動

　大学コミュニティを対象とした活動としては，「利用促進活動」「予防・啓発活動」「**大学運営への関与**」などがあげられる（岩田他，2016）。いずれの場合

も，学生相談機関からの大学コミュニティに向けた積極的な情報発信といえる。学生相談機関は，大学に存在しているだけでは，大学コミュニティ成員に活用してもらえない。学生相談機関のリーフレットや web サイトを作成して，積極的な広報活動を通して学生や教職員の学生相談利用の促進につなげるのも，学生相談のカウンセラーの大事な業務である。学生相談のカウンセラーが作成するリーフレットや web サイトは，学生相談機関を認知してもらうためだけのものではない。学生が自身の心身の不調に気づいてもらうための心の健康に関する知識やセルフケアの方法，大学生が遭遇しやすい問題（たとえば，**カルト問題**や，**アカデミック・ハラスメント**，**セクシャル・ハラスメント**，**薬物**の問題）などの情報を発信することは一次予防（心身の健康の保持増進・問題発生の予防）・二次予防（早期発見・早期対応）につながるであろう。教職員や保護者に向けても，大学生に生じやすい**メンタルヘルス**の問題に関する情報や学生対応に関する理解を深める情報を伝えることも，大学キャンパス全体の学生支援力を高める上で有効である。

　吉武（2005）は，学生相談機関は大学コミュニティが抱える問題にいち早く気づく**センサー機能**を有していることを指摘している。つまり，学生相談機関に持ち込まれる大学生の悩みや課題は，大学コミュニティ全体が抱える問題や課題を反映するものでもある。したがって，学生相談機関はセンサーで認知された問題を，大学コミュニティ全体で共有してもらい，対応策や改善策が検討され講じられるよう働きかけるという重要な役割を担っている。

3　学生相談実践で直面する問題とその対応

3-1　悩みを抱えていながら相談に来ない学生への対応

　1 節で紹介した調査のとおり，「悩みを抱えていながら相談に来ない学生への対応」は多くの大学で必要性の高い課題として捉えられている（日本学生支援機構, 2018a）。悩みを抱える学生のすべてが，自発的に学生相談機関を訪れるわけではない。そもそも自分の抱える悩みや問題に気づかなかったり，自分

一人の力で解決したいと考えたり，他者への相談の必要性を感じても，相談した相手に真剣に悩みを受け止めてもらえないのではないか，あるいは学生相談機関を利用したら周りからどう見られるのだろうと不安を感じたりと，悩みを抱えていながら相談に来ない理由は様々である（木村・梅垣・水野，2014）。したがって，悩みを抱えていながら相談に来ない学生への対応においては，学生が相談・援助を求めることをどのように捉えているかに着目し，その上で，悩みを抱えてから相談に至るまでの一連のプロセス（**援助要請行動のプロセス**）の中で，その学生がどのステージにおり，大学コミュニティ全体として，どのような支援が可能かを検討する必要がある（木村，2017）。

3-2 発達障害のある学生への対応

大学で学ぶ障害のある学生は年々増加している（日本学生支援機構，2018b）。**「障害を理由とする差別の解消の推進に関する法律**（いわゆる，**障害者差別解消法**）」が2016年4月に施行され，「**不当な差別的取扱いの禁止**」および「**合理的配慮の提供**」が義務化された。各大学において，障害学生支援体制の充実が進められている。その中でも，**発達障害**のある学生や診断はないが教育的な配慮を受けている学生は年々増加している。学生相談機関での個別のカウンセリングのみならず，教員や学内関係部署との連携，学修面の配慮や支援に関するコーディネートが求められる。発達障害のある学生の支援は**カウンセリング機能**と**コーディネート機能**の両機能にまたがる。発達障害学生の支援体制として，カウンセリング機能とコーディネート機能をどの組織が担うかによって三つのモデルが考えられる（日本学生相談学会，2015）。学生相談機関がカウンセリング機能を，障害学生支援機関がコーディネート機能を担い，両機能を別の組織が担当する「独立型」，総合的学生支援機関の中で，それぞれの機能ごとに部門を分ける「部門型」，両機能を一つの機関が担う「統合型」である。各大学の組織・支援体制によって，学生相談機関に求められる役割・機能は異なるため，発達障害学生への支援において，学生相談機関がカウンセリング機能を担いながら，関連組織との連携・協働の中でコーディネート機能をどこまで担う

かの役割分担が重要となる。

　発達障害学生への支援では，直接本人が学生相談室に来室してつながる場合だけでなく，関連する部署や教職員と連携が求められるケースが少なくない。本人は困っていないが，授業での指導や窓口対応でのむずかしさを感じて学生相談機関に来室した教職員へのコンサルテーションという形で，間接的に本人を支援することも求められる。さらには，学内のみならず，医療機関や就労支援機関などの学外機関との連携も必要となるため，学外のネットワーク作りも重要となる。

3-3　危機的状況（自殺関連行動など）への対応

　大学コミュニティにおいては，様々な危機的状況が生じ，**危機介入**が必要となる場合も少なくない。日本の大学生の死因の第一位は自殺であり（Uchida & Uchida, 2017），学生の**自殺防止**は，大学における喫緊の課題である。日本学生相談学会（2014）は，「学生の自殺防止のためのガイドライン」を作成し，学生の自殺防止においては，日常的な対応の中での自殺防止や，ハイリスク学生への対応，そして自殺の危機に直面した場合の対応においても，学生支援の3階層モデルにもとづく対応を提案しているので参考にされたい。その他の危機的な状況としては，学生の不慮の死，自然災害の被災，事件性のある問題の発生などが挙げられる。万が一，このような事態が生じた際に，落ち着いて対応できるよう，あらかじめ対応指針を作成したり，関係部署との意思統一を図ったりしておく必要がある。とくに，非常勤で勤務する場合には，大学内での動き方，判断・意思決定に迷うであろう。学生相談機関あるいは所属する部署の上長や責任者と，事前に話し合っておくことを勧める。

3-4　倫理の問題への対応

　学生相談での現場で直面する倫理面の問題についても触れたい。大学の学生相談で直面することの多い事態としては，**守秘義務**にかかわる問題が挙げられる。たとえば，来室した学生が「死にたい」と訴えた場合（①），教員や学内

部署の職員から学生が学生相談機関を利用しているか学生相談機関に問い合わせがあった場合（②），学内で連携して学生を支援する場合（③），学生にかかわる情報をどのように取り扱い，どのようにその事態に対応すればよいだろうか。学生相談に限らないが，まずは初回面接や**インテーク面接**において，**インフォームド・コンセント**[2]を行うことである。学生に対して，相談した内容については秘密が守られること，学生の同意なく第三者に情報を開示することはないこと，ただし，自他の生命や身体の安全にかかわる場合や重大な犯罪にかかわる場合はその限りではないこと（**守秘義務の例外**），相談・支援を行う上で，関係者との情報の共有が必要と判断した場合には，本人の同意を得たうえで，情報を共有することなどを，丁寧に伝え，本人の同意を得る。その上で，上述の例のような事態が生じたときに，あらためて本人と話し合うこともあれば，そのような事態になった場合にどのように関係者に伝えるかを，学生本人と事前に話し合っておく方法もあるだろう。学生相談における関係者との連携は，関係者が主導するパターン，学生自身が主導するパターン，学生相談のカウンセラーが主導するパターンと，多様であるため（倉本，2014），それぞれの連携のパターンを想定して，対応を検討する必要がある。

　①の場合には，カウンセラーは，死にたいくらいつらい気持ちであることをまずは受け止める。「死にたい」気持ちを学生相談機関では話してもよいことを伝えたうえで，「死にたい」気持ちについて，より詳しく確認する（自殺念慮や自殺企図の有無等）。自殺念慮・自殺企図を抱えていたり，より緊急性が高い場合には，守秘義務の例外，本人の命を守ることが最優先であることを伝え，保護者に連絡をとる必要がある。

　②の場合には，教員や関連部署の職員は，何らかのきっかけでその学生のことが気になったり，その学生の対応で困ったりしている可能性がある。したが

➡ 2　インフォームド・コンセント：心理的援助を提供するにあたって，援助者（カウンセラー）が援助の内容や情報の扱い方などの契約内容について，相談者（クライエント）が理解できるように十分に説明し，相談者からの同意を得るプロセスのこと。

って,「守秘義務があるので答えられません」とただ機械的に対応するだけでは,せっかくの連携の可能性や潜在的な支援者を活用する機会を失うことになりかねず,結果として学生のデメリットにつながる可能性もある。学生と事前に,学内教職員や保護者などから問い合わせがあった場合に,カウンセラーがどう対応したらいいか,どこまで伝えるか,伝えないかを本人に確認し,話し合っておくとよいだろう。③の場合も同様である。連携することが学生本人にとってどのようなメリットがあるか,どこまでの情報を伝えれば,どのような支援につながるかなど,具体的に話し合っておくとよいだろう。

3-5 カウンセラー側に生じる課題への対応

最後に,学生相談のカウンセラー側に生じる課題について触れたい。

1点目は学生相談のカウンセラーに生じやすい**転移**[3]・**逆転移**[4]の問題である。とくに大学生と年齢が近い立場で学生相談のカウンセラーとなる場合,学生相談機関で学生から語られる悩みとカウンセラー自身の大学生時代の体験が重なることで,その体験に対するカウンセラー自身に生じる感情や態度が,学生の理解や対応に気づかないうちに影響することがある。また,学生にとってカウンセラーの年齢が近いことで転移性恋愛も生じやすい。とくに初心のカウンセラーは,学生に対してよりよい援助を提出するためにも,転移・逆転移の理解やその適切な扱いについて,定期的な**スーパーヴィジョン**[5]を受けることを勧めたい。

2点目は,大学コミュニティの一員であることで生じる悩みである。学生相談機関に勤務するカウンセラーは,心理の専門家であるとともに,当然のこと

→ 3 転移:相談者(クライエント)が,過去における重要な他者に対していだいた感情・考え・態度等が,援助者(カウンセラー)に対して向けられること。
→ 4 逆転移:転移とは逆に,援助者(カウンセラー)から相談者(クライエント)に対して転移が向けられること。
→ 5 スーパーヴィジョン:スーパーヴァイジー(初心者や経験が浅い者など)が,自身の担当ケースを通して,スーパーヴァイザー(熟練者や経験豊かな臨床家)から指導を受けること。カウンセラーとしての知識・スキル・資質の向上のため,そしてクライエントへの適切な心理的援助の提供のために欠かせないものである。

ながら，大学コミュニティの一員であり，大学の教職員の一人である。したがって，学生相談業務のみならず，大学教職員として期待される学内業務も生じる。「自分はカウンセラーだから」といって，学内業務をおろそかにすることは，社会人としてのマナーに欠けることになるので気をつけたい。

さらには，大学の組織に位置づけられる学生相談機関は，予算や相談室の物理的な構造といった目に見える部分や，組織の中での動き方や意思決定の進め方などの見えない部分での条件や制約がある。そのような条件や制約の中で，公認心理師の専門性をどのように発揮するか，学生相談活動を充実させていくかを考えていかなければならない。

❖考えてみよう

　大学生（21歳男性）が学生相談室に来室した。就職活動の時期になり，大学で面接の練習をしたときに強い腹痛と下痢を生じた。その後，同じ症状が起こるのではないかと心配になり，外出前に頻回にトイレに行くようになった。さらに，人混みで腹痛が生じるのではないかと心配になり，電車やバスに乗ることを避けるようになった。消化器内科を受診したが，器質的な異常は認められなかった。あなたが学生相談室のカウンセラーなら，最初にどのように助言するか，考えてみよう。
（第1回公認心理師試験（平成30年9月9日実施分）問題・問141を一部改変）

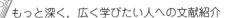もっと深く，広く学びたい人への文献紹介

日本学生相談学会50周年記念誌編集委員会（編）(2010). 学生相談ハンドブック　学苑社
　☞学生相談の独自性と専門性について，実践的に学ぶことができる，学生相談領域で働く公認心理師には欠かせない一冊。

鶴田 和美・桐山 雅子・吉田 昇代・若山 隆・杉村 和美・加藤 容子（編著）(2010). 事例から学ぶ学生相談　北大路書房
　☞事例を通して，学生相談活動の実践を「学生生活サイクル」の視点から学ぶことができる一冊。

齋藤 憲司 (2015). 学生相談と連携・恊働——教育コミュニティにおける「連働」——　学苑社
　☞個別カウンセリングをベースに，大学コミュニティのニーズに応える「連働」による学生相談活動を，著者の豊富な実践事例を通して学ぶことがで

きる一冊。

引用文献

Erikson, E. H.（1959）. *Identity and the life cycle*. New York: International Universities Press.
　（エリクソン，E. H.　小此木　啓吾（訳）（1973）.　自我同一性　誠信書房）
池田　忠義・吉武　清實（2005）.　予防教育としての講義「学生生活概論」の実践とその意義　学生相談研究, *26*, 1-12.
岩田　淳子・林　潤一郎・佐藤　純・奥野　光（2016）.　2015年度学生相談機関に関する調査報告　学生相談研究, *36*, 209-262.
河合　隼雄（1998）.　心理臨床における学生相談の方向性　河合　隼雄・藤原　勝紀（責任編集）　心理臨床の実際3　学生相談と心理臨床（pp. 2-10）　金子書房
木村　真人（2017）.　悩みを抱えていながら相談に来ない学生の理解と支援——援助要請研究の視座から——　教育心理学年報, *56*, 186-201.
木村　真人・梅垣　佑介・水野　治久（2014）.　学生相談機関に対する大学生の援助要請行動のプロセスとその関連要因——抑うつと自殺念慮の問題に焦点をあてて——　教育心理学研究, *62*, 173-186.
倉本　祥子（2014）.　学生相談における関係者連携の実際　京都女子大学学生相談室紀要, *38*, 3-20.
日本学生支援機構（2007）.　大学における学生相談体制の充実方策について——「総合的な学生支援」と「専門的な学生相談」の「連携・協働」——
日本学生支援機構（2018a）.　大学等における学生支援の取組状況に関する調査（平成29年度）結果報告
日本学生支援機構（2018b）.　平成29年度（2017年度）大学，短期大学及び高等専門学校における障害のある学生の修学支援に関する実態調査結果報告書
日本学生相談学会（2013）.　学生相談機関ガイドライン
日本学生相談学会（2014）.　学生の自殺防止のためのガイドライン
日本学生相談学会（2015）.　発達障害学生の理解と対応について——学生相談からの提言——
高橋　知音・岩渕　未紗・須田　奈都美・小田　佳代子・山﨑　勇・榛葉　清香・森光　晃子・金子　稔・鷲塚　伸介・上村　恵津子・山口　恒夫（2015）.　発達障害困り感質問紙実施マニュアル　第2版　三恵社
鶴田　和美（2001）.　学生生活サイクルとは　鶴田　和美（編）　学生のための心理相談——大学カウンセラーからのメッセージ——（pp. 2-11）　培風館
Uchida, C., & Uchida, M.（2017）. Characteristics and risk factors for suicide and deaths among college students: A 23-year serial prevalence study of data

from 8.2 million Japanese college students. *Journal of Clinical Psychiatry*, *78*, e404-e412.

吉武 清實 (2005). 改革期の大学教育における学生相談――コミュニティ・アプローチモデル―― 教育心理学年報, *44*, 138-146.

索　引

あ　行

愛着　4
アカデミック・ハラスメント　178
アクティブラーニング　54,77
アセスメント　4,128,156
アンガーマネジメント　147
アンダーマイニング現象　61
いじめ　14,100,111,145
いじめの禁止　117
いじめの集団力動　119
いじめの定義　112
いじめの予防と介入　123
いじめの四層構造　119
いじめ防止対策推進法　5,14,113,115
いじめ未然防止　162
１次的援助サービス　21
居場所　176
意味理解志向　69
イラショナル・ビリーフ　90
医療領域　123
インクルーシブ教育　28
インクルージョン　27
インテーク面接　174,181
インフォームド・コンセント　181
ヴィゴツキー（Vygotsky, L. S.）の三角形　73
うつ病　99
エコロジカルモデル　11
エリクソン（Erikson, E. H.）　174
援助チーム　133,162
援助ニーズ　1,4
援助要請　121,128
援助要請行動　179
オペラント条件づけ　52

か　行

外国人児童生徒　12
ガイダンス　159
ガイドライン　148

開発的カウンセリング　21,159
外発的動機づけ　61
外部性　142
カウンセリング　18,156,159
カウンセリング機能　179
カウンセリングマインド　141
加害者　119
関わりの三位相　146
学外ネットワーク　147
学業　55
学業不振　56
格差　148
学習　46
学習観　70
学習障害（LD）　37
学習成果　68,78
学習方法　51
学習方略　63
学生支援の３階層モデル　173
学生生活サイクル　174
「学生相談機関ガイドライン」　172
学力　46
学力の３要素　48
学級　4
学級規範　121
学級集団　87,128
学級集団の発達段階　131
学級の雰囲気　130
学級風土　88
学級崩壊　131
学校カウンセリング　21
学校学力　46
学校司書　20
学校心理学　5
葛藤型　90
家庭訪問　106
カルト　178
考え判断し表現する力　50
感覚過敏　104
頑健な知識　55

187

観察法　158
観衆　119
危機介入　180
義務教育の段階における普通教育に相当する教育の機会の確保等に関する法律（教育機会確保法）　97
教育界の黒船　142
教育支援センター（適応指導教室）　2, 98, 133
教育相談室　107
教育の一環　172
教育の最適化　69
教育領域　122
狭義の学力　46
教師集団　89
教師の世代交代　131
教授学習パラダイム　78
矯正機能　87
共通理解　40
緊急支援　147, 156
グループ・エンカウンター　108, 146
結果期待　59
限局性学習症（限局性学習障害）（SLD）　37
研修型コンサルテーション　160
広義の学力　49
高等学校における通級による指導　30
行動コンサルテーション　160
校内委員会　32
公認心理師　1
公認心理師資格をもつスクールカウンセラー　151
公認心理師法　3, 107, 123, 156
合理的配慮　27, 100
合理的配慮の提供　179
効力期待　59
コーディネーション委員会　101
コーディネーター　162
コーディネート機能　179
個人差に応じた指導　69
子どもの貧困　12
個別支援　131
個別の教育支援計画　32
個別の指導計画　32

コミュニティ　3, 134
コミュニティ心理学的アプローチ　146
コンサルタント　160
コンサルティ　160
コンサルテーション　6, 156, 160, 177

さ行

参加　76
3次的援助サービス　21
自己決定理論　62
自己肯定感　15
自己効力感　59
自己コントロール　102
自己調整過程の不活性化　120
自殺防止　180
自殺予防教育　162
システム介入型コンサルテーション　161
児童虐待　22, 100, 134, 145
児童虐待の防止等に関する法律　134
児童相談所　107
自閉スペクトラム症（自閉症スペクトラム障害）（ASD）　36, 101
自明性　148
社会文化的アプローチ　74
社会文化的理論　73
充実型　90
重大事態　117
集団づくり　4
習得目標（熟達目標, マスタリー目標）　63
主体的・対話的で深い学び　54, 78
主体的な取り組みの態度　50
守秘義務　180
守秘義務の例外　181
障害者の権利に関する条約（障害者権利条約）　27
障害を理由とする差別の解消の推進に関する法律（障害者差別解消法）　27, 179
状況的学習論　75
常勤化　151
少人数授業　71
神経発達症（神経発達障害）　36
診断的機能　87
心理アセスメント　39, 123

索　引

心理教育　21, 124
心理教育的援助サービス　21
心理教育的プログラム　177
心理的支援　123
心理的道具（記号）　73
遂行目標（パフォーマンス目標）　63
スーパーヴィジョン　182
スクールカウンセラー　2, 19, 20, 101, 122, 128, 141, 156
スクールカウンセラー活用調査研究委託実施要項　142
スクールカウンセラーの役割　145
スクールカウンセリング　141
スクールソーシャルワーカー　20, 138, 149, 156
スクールソーシャルワーカー活用事業　149
スクリーニング　176
ストレス対処　5
ストレスマネジメント　147, 177
ストレスマネジメント教育　162
正統的周辺参加　75
制度化された学生支援　173
生徒指導　18
生徒指導提要　113, 162
生物―心理―社会モデル　11, 152, 157
セーフティネット　3
セクシャル・ハラスメント　178
説明オーガナイザー　51
セルフヘルプ　177
先行オーガナイザー　51
センサー機能　178
専門的学生支援　173
総合的な学習　79
相互コンサルテーション　161
相互作用　77
相談室登校　101
ソーシャルサポート　85
ソーシャルスキル（社会的スキル）　5
ソーシャルスキル（社会的スキル）トレーニング（ソーシャルスキル（社会的スキル）教育）　108, 147, 162

た　行

大学運営への関与　177
大学の学生相談　171
第三者調査委員会　117, 123
対人過失　86
対人葛藤　86
対人関係ゲーム　108
対人ストレス　86
対人摩耗　86
多職種（と）連携　124, 152
達成目標理論　63
田中ビネー知能検査V　158
多面的理解モデル　158
チーム援助　161
チームとしての学校（チーム学校）　5, 12, 21, 149, 151, 155
知識観　50
知能検査　158
注意欠如・多動症（注意欠如・多動性障害）（AD/HD）　37
仲裁者　119
調査法　158
治療的カウンセリング　21
通級指導教室　29, 57
通告懸念　135
通常学級　29
停滞型　90
適性　67
適性処遇交互作用　68
転移・逆転移　182
統合失調症　99
特殊教育　28
特別支援学級　29, 57
特別支援学校　29
特別支援教育　27, 28
特別支援教育コーディネーター　34, 129
トラックモデル　52

な　行

内発的動機づけ　61
二次障害　38
2次的援助サービス　21

日常的学生支援　173
日本語指導　3
ぬるま湯型　90
ネグレクト　145
能力　45

は 行

バーンアウト（燃え尽き症候群）　91
波及効果　71
発見学習　54
発達障害　35, 57, 100, 179
発達障害関連困り感質問紙　176
発達性協調運動症（発達性協調運動障害）（DCD）　37
発達促進機能　87
発達の課題　130
発達の最近接領域　74
反復学習　53
ピア・サポート　146
被害者　119
比較オーガナイザー　52
病理モデル　11
部活動指導員　20
福祉　138
福祉領域　122
不適切な子育て　130
不登校　15, 97, 118, 145
不当な差別的取扱いの禁止　179
フリースクール　98
プログラム学習　52
勉強　46
崩壊初期　131
崩壊中期　131
傍観者　119
訪問面接による心理的支援　118, 124
暴力行為　14, 127
ポートフォリオ　56
ほんもの性　75

ま 行

マクロへのアプローチ　150
学び　45
学びの環境　67

マネジメント機能　6
ミクロへのアプローチ　150
メゾへのアプローチ　150
面接法　158
メンタルヘルス　178
モティベーション（動機づけ）　59
問題解決型コンサルテーション　160

や 行

薬物　178
やる気　59
有意味受容学習　51
友人関係　83
友人とのつきあい方　84
ユニバーサルデザインの教育　34
欲求の充足機能　87
予防　5, 6
予防開発的心理教育　156, 162
予防・啓発活動　177
予防的カウンセリング　21, 160

ら 行

ライフサイクル理論　174
ラポール　158
リーダーシップ　89
利用促進活動　177
臨床心理士　131
ルーブリック　56
連携・協働　172

アルファベット

CAI　53
Hyper-QU　158
ICT　98
ICT支援員　20
KABC-II　158
M（Maintenance）行動　89
OECD国際教員指導環境調査（TALIS）　13
P（Performance）行動　89
PISA　16
UPI　176
WISC-IV　158

《監修者紹介》

川畑直人（かわばた　なおと）
　　京都大学大学院教育学研究科博士後期課程中退　博士（教育学）
　　William Alanson White Institute, Psychoanalytic Training Program 卒業
　　公認心理師カリキュラム等検討会構成員，同ワーキングチーム構成員
　　公認心理師養成機関連盟　事務局長
　　現　在　京都文教大学臨床心理学部　教授　公認心理師・臨床心理士
　　主　著　『対人関係精神分析の心理臨床』（監修・共著）誠信書房，2019年
　　　　　　『臨床心理学――心の専門家の教育と心の支援』（共著）培風館，2009年　ほか

大島　剛（おおしま　つよし）
　　京都大学大学院教育学研究科修士課程修了　修士（教育学）
　　17年間の児童相談所心理判定員を経て現職
　　現　在　神戸親和大学文学部　教授　公認心理師・臨床心理士
　　主　著　『発達相談と新版K式発達検査――子ども・家族支援に役立つ知恵と工夫』（共著）明石書店，2013年
　　　　　　『臨床心理検査バッテリーの実際　改訂版』（共著）遠見書房，2023年　ほか

郷式　徹（ごうしき　とおる）
　　京都大学大学院教育学研究科博士後期課程修了　博士（教育学）
　　現　在　龍谷大学文学部　教授　臨床発達心理士・学校心理士
　　主　著　『幼児期の自己理解の発達――3歳児はなぜ自分の誤った信念を思い出せないのか？』（単著）ナカニシヤ出版，2005年
　　　　　　『心の理論――第2世代の研究へ』（共編著）新曜社，2016年　ほか

《編著者紹介》

水野治久（みずの　はるひさ）
　　筑波大学大学院教育研究科修士課程修了　博士（心理学）
　　現　在　大阪教育大学総合教育系　教授
　　主　著　『子どもと教師のための「チーム援助」の進め方』（単著）金子書房，2014年
　　　　　　『絶対役立つ教育相談――学校現場の今に向き合う』（共編著）ミネルヴァ書房，2017年　ほか

串崎真志（くしざき　まさし）
　　大阪大学大学院人間科学研究科博士後期課程修了　博士（人間科学）
　　現　在　関西大学文学部　教授
　　主　著　『絶対役立つ臨床心理学――カウンセラーを目指さないあなたにも』（編著）ミネルヴァ書房，2016年
　　　　　　『絶対役立つ教育相談――学校現場の今に向き合う』（共編著）ミネルヴァ書房，2017年　ほか

《執筆者紹介》

水野治久（みずの　はるひさ）編者，序章，第8章
　　大阪教育大学総合教育系　教授

串崎真志（くしざき　まさし）編者，序章
　　関西大学文学部　教授

中井大介（なかい　だいすけ）第1章
　　埼玉大学教育学部　准教授

加戸陽子（かど　ようこ）第2章
　　関西大学文学部　教授

田中俊也（たなか　としや）第3章
　　関西大学　名誉教授

藤田哲也（ふじた　てつや）トピックス
　　法政大学文学部　教授

山田嘉徳（やまだ　よしのり）第4章
　　関西大学教育推進部　准教授

谷口弘一（たにぐち　ひろかず）第5章
　　下関市立大学経済学部　教授

五十嵐哲也（いがらし　てつや）第6章
　　愛知教育大学教育学部　准教授

小倉正義（おぐら　まさよし）第7章
　　鳴門教育大学大学院学校教育研究科　教授

伊藤美奈子（いとう　みなこ）第9章
　　奈良女子大学研究院生活環境科学系　教授

本田真大（ほんだ　まさひろ）第10章
　　北海道教育大学教育学部函館校　准教授

木村真人（きむら　まさと）第11章
　　大阪国際大学・大阪国際大学短期大学部基幹教育機構　教授

公認心理師の基本を学ぶテキスト⑱

教育・学校心理学
――子どもの学びを支え、学校の課題に向き合う――

2019年5月20日　初版第1刷発行	〈検印省略〉
2024年1月20日　初版第3刷発行	

定価はカバーに
表示しています

監修者　川　畑　直　人
　　　　大　島　剛
　　　　郷　式　徹

編著者　水　野　治　久
　　　　串　崎　真　志

発行者　杉　田　啓　三

印刷者　田　中　雅　博

発行所　株式会社　ミネルヴァ書房

607-8494　京都市山科区日ノ岡堤谷町1
電話代表　(075)581-5191
振替口座　01020-0-8076

ⓒ水野・串崎ほか, 2019　　創栄図書印刷・坂井製本

ISBN978-4-623-08607-8
Printed in Japan

公認心理師の基本を学ぶテキスト

川畑直人・大島　剛・郷式　徹 監修
全23巻
A 5 判・並製・各巻平均220頁・各巻予価2200円（税別）

①公認心理師の職責	川畑直人 編著
＊②心理学概論	加藤弘通・川田　学 編著
③臨床心理学概論	川畑直人・馬場天信 編著
④心理学研究法	＊編著者検討中
⑤心理学統計法	＊編著者検討中
⑥心理学実験	郷式　徹 編著
＊⑦知覚・認知心理学	萱村俊哉・郷式　徹 編著
＊⑧学習・言語心理学	郷式　徹・西垣順子 編著
＊⑨感情・人格心理学	中間玲子 編著
＊⑩神経・生理心理学	中島恵子・矢島潤平 編著
⑪社会・集団・家族心理学	興津真理子・水野邦夫 編著
⑫発達心理学	郷式　徹・川畑直人 編著
⑬障害者（児）心理学	大島　剛 編著
＊⑭心理的アセスメント	大島　剛・青柳寛之 編著
⑮心理学的支援法	川畑直人・馬場天信 編著
＊⑯健康・医療心理学	古賀恵里子・今井たよか 編著
＊⑰福祉心理学	川畑　隆・笹川宏樹・宮井研治 編著
＊⑱教育・学校心理学	水野治久・串崎真志 編著
＊⑲司法・犯罪心理学	門本　泉 編著
＊⑳産業・組織心理学	加藤容子・三宅美樹 編著
㉑人体の構造と機能及び疾病	岸　信之 編著
㉒精神疾患とその治療	横井公一・岸　信之 編著
㉓関係行政論	大島　剛 編著

―――――― ミネルヴァ書房 ――――――
https://www.minervashobo.co.jp/